रघुवीर सहाय

जन्म : 9 दिसम्बर, 1929, लखनऊ।

शिक्षा : लखनऊ विश्वविद्यालय से 1951 में अंग्रेजी साहित्य में एम.ए.। समाचार जगत में 'नवजीवन' (लखनऊ) से आरम्भ करके पहले समाचार विभाग, आकाशवाणी, नई दिल्ली में और फिर 'नवभारत टाइम्स' नई दिल्ली में विशेष संवाददाता और उसके बाद 1969 से 1982 तक 'दिनमान' समाचार साप्ताहिक के प्रधान सम्पादक रहे। उसके बाद अपने अन्तिम दिनों तक स्वतंत्र लेखन करते रहे। 1988 में भारतीय प्रेस परिषद के सदस्य मनोनीत।

'प्रतीक' (दिल्ली), 'कल्पना' (हैदराबाद) और 'वाक्' (दिल्ली) पत्रिकाओं के सम्पादक-मंडल में रहे। कविताएँ *दूसरा सप्तक* (1951), *सीढ़ियों पर धूप में* (1960), *आत्महत्या के विरुद्ध* (1967), *हँसो, हँसो जल्दी हँसो* (1975), *लोग भूल गए हैं* (1982) और *कुछ पते कुछ चिट्ठियाँ* (1989) में संकलित हैं।

कहानियाँ *सीढ़ियों पर धूप में* (1960), *रास्ता इधर से है* (1972) और *जो आदमी हम बना रहे हैं* (1982) में और निबन्ध *सीढ़ियों पर धूप में, लिखने का कारण* (1978), *ऊबे हुए सुखी* और *वे और नहीं होंगे जो मारे जाएँगे, भँवर लहरें और तरंग* (1983), *अर्थात* (1994) में उपलब्ध हैं। इसके अलावा कई नाटकों और उपन्यासों के अनुवाद भी किए हैं।

सम्पूर्ण रचनाकर्म *रघुवीर सहाय रचनावली* में संकलित है।

लोग भूल गए हैं को 1984 का 'केन्द्रीय साहित्य अकादेमी पुरस्कार' मिला। मरणोपरान्त हंगरी के 'सर्वोच्च राष्ट्रीय सम्मान', बिहार सरकार के 'राजेन्द्र प्रसाद शिखर सम्मान' और 'आचार्य नरेन्द्रदेव सम्मान' से उन्हें सम्मानित किया गया।

देहान्त : 30 दिसम्बर, 1990

प्रतिनिधि कविताएँ

रघुवीर सहाय

सम्पादक
सुरेश शर्मा

राजकमल पेपरबैक्स

राजकमल पेपरबैक्स में
पहला संस्करण : 1994
ग्यारहवाँ संस्करण : 2026

राजकमल पेपरबैक्स : उत्कृष्ट साहित्य के जनसुलभ संस्करण

राजकमल प्रकाशन प्रा.लि.
1-बी, नेताजी सुभाष मार्ग, दरियागंज
नई दिल्ली-110 002

शाखाएँ : अशोक राजपथ, साइंस कॉलेज के सामने, पटना-800 006
पहली मंजिल, दरबारी बिल्डिंग, महात्मा गांधी मार्ग, प्रयागराज-211 001

वेबसाइट : www.rajkamalprakashan.com
ई-मेल : info@rajkamalprakashan.com

बी.के. ऑफसेट
नवीन शाहदरा, दिल्ली-110 032
द्वारा मुद्रित

मूल्य : ₹199

PRATINIDHI KAVITAYEIN
Representative Poems of Raghuvir Sahai
Edited by Suresh Sharma

ISBN : 978-81-7178-963-4

कविता में लिखी खबरें

समय बीतने के साथ रघुवीर सहाय की कविताओं की प्रासंगिकता बढ़ती ही जा रही है। वर्तमान समाज व्यवस्था के बीच आम लोगों का मानवीय गरिमा के साथ जीना लगभग असंभव हो गया है। रघुवीर सहाय की कविताएँ पहले इस जीवन-विरोधी स्थिति की पहचान कराती हैं, फिर उससे मुठभेड़ के लिए हमें शक्ति देती हैं। अपनी कविताओं के इस रचनात्मक प्रभाव के कारण ही वे इस दौर के श्रेष्ठतम कवियों में हैं।

सहाय जी ऐसे कवियों में नहीं हैं जो एक चली आ रही काव्य-परंपरा को आगे बढ़ाते हैं। वे ऐसे कवियों में हैं जो बदले हुए समय की जरूरत के अनुसार कविता की भूमिका को नए उद्देश्यों से जोड़ते हैं। ऐसे कवियों को पुरानी भाषा में युगांतरकारी कवि कहा जाता रहा है। रघुवीर सहाय भी अपनी कविताओं से एक नए दौर की शुरुआत करते हैं। यह दौर सहाय जी के उन अर्जित काव्यगुणों से बना है जिनके केंद्र में है निरावरण भाषा में नई जीवन-स्थितियों की अभिव्यक्ति।

उनके काव्य के ये दोनों ही गुण उनके पत्रकार व्यक्तित्व की उपज हैं। सहाय जी का सौंदर्यशास्त्र खबर का सौंदर्यशास्त्र है। इसलिए उनकी भाषा खबर की भाषा है और अधिकांश कविताओं की विषयवस्तु खबरधर्मी। वे अपनी कविताओं के विषय समाज में मनुष्य की बदलती जीवन-स्थितियों में तलाशते हैं। समाज-व्यवस्था के बीच साधारण मनुष्य अरक्षित और असहाय होकर भी किस हद तक जीने का संघर्ष कर रहा है यह उनकी अधिकांश कविताओं का कथ्य है। भारतीय लोकतांत्रिक पद्धति में मतदाताओं की अरक्षित-असहाय जिंदगी की खबरें उन्होंने अपनी कविताओं में लिखी हैं :

> फिर जाड़ा आया फिर गर्मी आई
> फिर आदमियों के पाले से लू से मरने की खबर आई
> न जाड़ा ज्यादा था न लू ज्यादा
>
> तब कैसे मरे आदमी

वे खड़े रहते हैं तब नहीं दिखते
मर जाते हैं तब लोग जाड़े और लू की मौत बताते हैं

लोगों के ठंड या लू से मरने की खबर हम बराबर अखबार में पढ़ते हैं। लेकिन इन खबरों के भीतर भी खबरें हैं जिन्हें सहाय जी अपनी कविता में बयान करते हैं। क्या विडंबना है कि अभावग्रस्त लोगों की मृत्यु तो खबर बन जाती है लेकिन लगातार मृत्यु की ओर बढ़ती उनकी जीवन-स्थितियाँ खबर नहीं बन पातीं! पत्रकार रघुवीर सहाय अखबार में लू और ठंड से मतदाता की मृत्यु की खबर लिखते हैं और कविता में मृत्यु की ओर बढ़ती जीवन-स्थितियों की खबर। इस तरह वे कविता में भी लगातार खबरें लिखते हैं। ये वे खबरें हैं जो अखबारी खबरों की विधागत सीमा के कारण वहाँ नहीं समा सकती थीं। खबरों का यह रूप कविता में ही अभिव्यक्त हो सकता है। एक और कविता में वे लिखते हैं :

700 मर गए अखबार कहता है
खँडहर और लाश दूरदर्शन दिखाता है
बहुत-सी खबरें मेरे अन्दर से आती हैं
सबको चीर कर हहराती

खबर संप्रेषण के प्रचलित माध्यमों की सीमाओं को रेखांकित करते हुए वे इस कविता में उस खबर की बात करते हैं जो अखबार या टीवी में लिखने-दिखने से रह जाती है, लेकिन वह खबर कवि के भीतर से हहराती हुई फूटती है। रघुवीर सहाय ने अपनी कविताओं में ऐसी हहराती खबरें लगातार लिखी हैं। ध्यान से देखें तो सहाय जी की अधिकांश कविताओं में एक न एक खबर जरूर है। ये खबरें समाज की ऊपरी सतह पर घटित होनेवाली खबरें नहीं हैं। स्थूल घटनाओं के बीच अनुभव के जिन नए रूपों को सहाय जी उद्घाटित करते हैं, उनकी कविता में खबरें वही हैं। यह सर्जनात्मक खबरधर्मिता पत्रकार रघुवीर सहाय को श्रेष्ठ कवि बनाती है। कविता में सहाय जी की परंपरा का अर्थ है नई वास्तविकताओं के नए अनुभव की खबर कविता में लाना। यह जहाँ भी संभव होगा रघुवीर सहाय की परंपरा रेखांकित होगी। निश्चय ही इधर के कई महत्वपूर्ण कवि इस परंपरा को आगे बढ़ाने की कोशिश कर रहे हैं।

सहाय जी की काव्य भाषा खबर की भाषा है—नितांत निरावरण और दो टूक। उसमें वक्तव्य है, विवरण है, संक्षेप है। उसमें प्रतीकों और बिंबों का

घटाटोप उलझाव नहीं है। खबर में घटना और पाठक के बीच भाषा जितनी पारदर्शी होगी, खबर की संप्रेषणीयता उतनी ही बढ़ेगी। सहाय जी अपनी कविताओं में इसी पारदर्शी भाषा का इस्तेमाल करते हैं।

सहाय जी साहित्यकार और पत्रकार को अलग करके नहीं देखते थे। उनके लिए दोनों के काम का उद्देश्य भी एक ही है : "पत्रकार और साहित्यकार में कोई अंतर है क्या? मैं मानता हूँ कि नहीं है। इसलिए नहीं कि साहित्यकार रोजी के लिए अखबार में नौकरी करते हैं, बल्कि इसलिए कि पत्रकार और साहित्यकार दोनों नए मानव संबंध की तलाश करते हैं। दोनों ही दिखाना चाहते हैं कि दो मनुष्यों के बीच नया संबंध क्या बना। दोनों के उद्देश्य में पूर्ण समानता है। कृतित्व में समानता कमोबेश है। पत्रकार जिन तथ्यों को एकत्र करता है उनको क्रमबद्ध करते हुए उन्हें उस परस्पर संबंध से विच्छिन्न नहीं करता जिससे वे जुड़े हुए और क्रमबद्ध हैं। उसके ऊपर तो यह लाजिमी होता है कि वह आपको तर्क से विश्वस्त करे कि यह हुआ तो यह इसका कारण है, ये तथ्य हैं और ये समय, देश, काल परिस्थिति आदि हैं जिनके कारण ये तथ्य पूरे होते हैं। साहित्यकार इससे भिन्न कुछ करता है। साहित्यकार के लिए तथ्यों की जानकारी उतनी ही अनिवार्य है जितनी पत्रकार के लिए है, परंतु उन तथ्यों का गतानुगत क्रम उसके लिए अबध्य नहीं है। बल्कि तथ्यों के परस्पर संबंध को जानबूझकर तोड़कर साहित्यकार उसे नए सिरे से क्रमबद्ध करता है, और इस प्रकार से नए संपूर्ण सत्य की सृष्टि करता है जो एक नया यथार्थ है। एक संभव यथार्थ है। पत्रकार के लिए यथार्थ वही है जो संभव हो चुका है। साहित्यकार के लिए वह है जो संभव हो सकता है *(लिखने का कारण,* पृ. 177)।

सहाय जी का यह लंबा उद्धरण उनके खबरधर्मी सौंदर्यशास्त्र की रचना-प्रक्रिया को समग्रता में अभिव्यक्त कर देता है। वे अपनी कविताओं में इस 'संभव यथार्थ' का सर्जन इस तरह करते हैं ताकि घटना के पीछे छिपे अर्थ को समग्रता में सामने लाया जा सके। घटना के अर्थ को जिस तरह सहाय जी अपनी कविताओं में अभिव्यक्त करते हैं वह उन्हें विशिष्ट राजनैतिक कवि के रूप में सामने लाता है। विशिष्ट इसलिए कि किसी राजनैतिक दल से वे कवि की संबद्धता जरूरी नहीं मानते, लेकिन आदमी और आदमी के बीच गैर-इंसानी रिश्ते खत्म करने के लिए पक्षधरता बरतना चाहते हैं। सहाय जी के काव्य-संसार में अगर समाज की परेशान जिंदगी का हाल दर्ज है तो मानव मन की सहज प्रवृत्तियों जैसे प्रेम, हास्य, व्यंग्य और करुणा आदि की अभिव्यक्ति

भी है। प्रकृति को भी उन्होंने गहरी ऐंद्रिकता के साथ चित्रित किया है।

प्रतिनिधि कविताओं के इस संग्रह में प्रातिनिधिकता का आधार एक नहीं है। कविताएँ इस दृष्टि से चुनी गई हैं कि वे अपने समय का भी प्रतिनिधित्व करें और कवि के काव्य-विकास का भी। चयन में वे सारे रंग मौजूद हों जिनसे कवि के संपूर्ण व्यक्तित्व का परिचय मिल सके। कवि के सभी सातों संकलनों से कविताएँ चुनी गई हैं। संकलन के नाम हैं : *दूसरा सप्तक* (1951), *सीढ़ियों पर धूप में* (1960), *आत्महत्या के विरुद्ध* (1967), *हँसो हँसो जल्दी हँसो* (1975), *लोग भूल गए हैं* (1982), *कुछ पते कुछ चिट्ठियाँ* (1989), *एक समय था* (1994)।

अंतिम संग्रह सहाय जी के जीवन में प्रकाशित नहीं हो पाया था। वह उनके निधन के बाद उनकी डायरियों और कागज-पत्रों में टँकी हुई पूरी अधूरी कविताओं के आधार पर बनाया गया। इस अंतिम संग्रह की ज्यादा कविताएँ इस संकलन में रखी गई हैं ताकि सहाय जी के कवि जीवन के अंतिम वर्षों के मिजाज को समझा जा सके। उनके जीवन की उपलब्ध पहली और अंतिम कविता तो इस चयन में है ही। हो सकता है कोई और संपादक चयन करता तो शायद कवि की दूसरी कविताओं को वह महत्व देता जिन्हें मैंने छोड़ दिया है। लेकिन संपादक की रुचि के अंतर की वजह से यह फर्क तो आएगा ही। जनमत संग्रह का आधार तो संपादन में नहीं चल सकता। फिर भी पृष्ठ-सीमा के बावजूद इस संग्रह में सहाय जी की वे सारी कविताएँ आ गई हैं जो पिछले चार दशकों में चर्चित रही हैं और जिन्होंने कविता के इतिहास और पाठक के जीवन में महत्वपूर्ण भूमिका निभाई है, आज भी निभा रही हैं।

संपादन के लिए सहाय जी की पत्नी श्रीमती विमलेश्वरी सहाय ने मुझे विश्वास के साथ सामग्री सौंपी, इसके लिए उनका आभारी हूँ। शीलाजी के स्नेहपूर्ण दबाव की वजह से ही यह काम पूरा हो सका। मोहन गुप्त के रचनात्मक परामर्शों से लाभ उठाते हुए इस पुस्तक का यह रूप बन सका है। सबको धन्यवाद।

सुरेश शर्मा

क्रम

हँसो हँसो जल्दी हँसो
[1970-75]

लोग भूल गए हैं
[1976-82]

आप की हँसी

निर्धन जनता का शोषण है
कह कर आप हँसे
लोकतंत्र का अंतिम क्षण है
कह कर आप हँसे
सबके सब हैं भ्रष्टाचारी
कह कर आप हँसे
चारों ओर बड़ी लाचारी
कह कर आप हँसे

कितने आप सुरक्षित होंगे मैं सोचने लगा
सहसा मुझे अकेला पा कर फिर से आप हँसे

रघुवीर सहाय

कवि की उपलब्ध पहली कविता

अंत का प्रारंभ

मधुर यौवन का मधुर अभिशाप मुझको मिल चुका था
फूल मुरझाया छिपा काँटा निकलकर चुभ चुका था
पुण्य की पहचान लेने, तोड़ बन्धन वासना के
जब तुम्हारी शरण आ, सार्थक हुआ था जन्म मेरा
क्या समझकर कौन जाने, किया तुमने त्याग मेरा
अधम कहकर क्यों दिया इतना निठुर उपलम्भ है यह
          अंत का प्रारंभ है यह

जगत मुझको समझ बैठा था अडिग धर्मात्मा क्यों ?
पाप यदि मैंने किए थे तो न मुझको ज्ञान था क्यों ?
आज चिंता ने प्रकृति के मुक्त पंखों को पकड़कर
नीड़ में मेरी उमंगों के किया अपना बसेरा
हो गया गृहहीन सहज प्रफुल्ल यौवन प्राण मेरा
खो गया वह हास्य अब अवशेष केवल दंभ है यह
          अंत का प्रारंभ है यह

है बरसता अनवरत बाहर विदूषित व्यंग्य जग का
और भीतर से उपेक्षा का तुम्हारा भाव झलका
अनगिनत हैं आपदाएँ कहाँ जाऊँ मैं अकेला

इस विमल मन को लिए, जीवन हुआ है भार मेरा
बुझ गए सब दीप गृह के, काल रात्रि गहन बनी है
दीख पड़ता मृत्यु का केवल प्रकाशस्तंभ है यह
अंत का प्रारंभ है यह

[22.8.46]

बसन्त

पतझर के बिखरे पत्तों पर चल आया मधुमास,
बहुत दूर से आया साजन दौड़ा-दौड़ा
थकी हुई छोटी-छोटी साँसों की कम्पित
पास चली आती हैं ध्वनियाँ
आती उड़कर गन्ध बोझ से थकती हुई सुवास।

बन की रानी, हरियाली-सा भोला अन्तर
सरसों के फूलों-सी जिसकी खिली जवानी
पकी फसल-सा गरुआ गदराया जिसका तन
अपने प्रिय को आता देख लजायी जाती।
गरम गुलाबी शरमाहट-सा हल्का जाड़ा
स्निग्ध गेहुँए गालों पर कानों तक चढ़ती लाली जैसा
फैल रहा है।
हिलीं सुनहली सुघर बालियाँ !
उत्सुकता से सिहरा जाता बदन
कि इतने निकट प्राणधन
नवल कोंपलों से रस-गीले ओंठ खुले हैं
मधु-पराग की अधिकाई से कंठ रुँधा है
तड़प रही है वर्ष-वर्ष पर मिलने की अभिलाष।

उजड़ी डालों के अस्थिजाल से छनकर भू पर गिरी धूप
लहलही फुनगियों के छत्रों पर ठहर गई अब
ऐसा हरा-रुपहला जादू बनकर जैसे
नीड़ बसे पंछी को लगनेवाला टोना,
मधुरस उफना-उफनाकर आमों के बिरवों में बौराया
उमँग-उमँग उत्कट उत्कंठा मन की पिक-स्वर बनकर चहकी
अँगड़ाई सुषमा की बाहों ने सारा जग भेंट लिया
गउझर फूलों की झुकी बेल
मह-मह चम्पा के एक फूल से विपिन हुआ।

यह रंग उमंग उत्साह सृजनमयी प्रकृति-प्रिया का
चिकना ताजा सफल प्यार फल और फूल का
यह जीवन पर गर्व कि जिससे कलि इतरायी
जीवन का सुख भार कि जिससे अलि अलसाया।
तुहिन-बिन्दु-सजलानुराग यह रंग-विरंग सिन्दुर सुहाग
जन-पथ के तीर-तीर छिटके,
जन-जन के जीवन में ऐसे
मिल जाये जैसे नयी दुल्हन
से पहली बार सजन मिलते हैं
नव आशाओं का मानव को बासन्ती उपहार
मिले प्यार में सदा जीत हो, नहीं कभी हो हार।
जिनको प्यार नहीं मिल पाया
इन्हें फले मधुमास।
पतझर के बिखरे पत्तों पर चल आया मधुमास।

[12.2.48]

पहला पानी

बिजली चमकी
सुरपति के इस लघु इंगित पर
लो यहाँ जामुनी बादल नभ में ठहर गये
आशीष दे रहे हाथों से।

धीरे-धीरे पूरब से आती हुई हवा
चारों दिशियों में गयी फैल
ढँक गये शीत से चौड़े-चौड़े खेत; हार
धरती परती घर गलियारे सब जुड़ा गये
धीरे-धीरे सन्ध्या की-सी बदली छायी
दुपहर जल से गरुई होकर कुछ झुक आयी
आलोक ग़ल गया अम्बर् में
लो सहसा झर-झरकर पहला झोंका आया
हम बढ़े घरों की ओर तनिक जल्दी-जल्दी दौड़े-दौड़े।
दो गोरे-गोरे बलगर बैलों की गोंई
हो गयी ठुमककर खड़ी पकरिया के नीचे
उड़ गयी चहककर नीबी की सबसे ऊँची
फुनगी पर बैठी गौरैया
फैली चुनरिया अटरिया चढ़ लायी उतार
जल्दी-जल्दी घाँघर समेट घर की युवती।
खुलकर बरसा पहला पानी
इन धुले-धुले बिरवों के नीचे से होकर
बह चली गाँव की गैल-गैल
कच्ची मिट्टी की सुघर गेहुँई दीवारें

मन ही मन भींगी,
छवनी छप्पर नतशिर धारण करते जल
लम्बे-लम्बे जलपथ पर रहँकल की टेढ़ी-मेढ़ी लीकें
घुलती जातीं।

फिर मिट्टी में जीवन की आशा जागी है
गलते हैं दकियानूसी मिट्टी के ढेले
पिछली फसलों की गिरी पड़ रही हैं मेंड़ें
सारे अनबोये खेतों की उजली धरती
अब एक हुई, स्वीकार कर रही है नव जल
गुरु आज्ञा-सा।
जितनी बूँदें
उतने जौ के दाने होंगे
इस आशा में चुपचाप गाँव यह भींग रहा है
खड़े-खड़े,
चौपालों बँगलों में बैठे
जन देख रहे जल का गिरना
चिड़िया चुनगुन से टुकुर-टुकुर।

[17.7.48]

भला

मैं कभी-कभी कमरे के कोने में जाकर
एकान्त जहाँ पर होता है,
चुपके से एक पुराना काग़ज़ पढ़ता हूँ,

मेरे जीवन का विवरण उसमें लिखा हुआ,
वह एक पुराना प्रेम-पत्र है जो लिखकर
भेजा ही नहीं गया, जिसका पानेवाला,
काफी दिन बीते गुज़र चुका।

उसके अक्षर-अक्षर में हैं इतिहास छिपे
छोटे-मोटे,
थे जो मेरे अपने, वे कुछ विश्वास छिपे,
संशय केवल इतना ही उसमें व्यक्त हुआ,
क्या मेरा भी सपना सच्चा हो सकता है ?
जैसे-जैसे उसका नीला काग़ज़ पड़ता जाता फीका
वैसे-वैसे मेरा निश्चय, यह पक्का होता जाता है
प्रत्याशा की आशा में कोई तथ्य नहीं
उत्तर पाकर ही पाऊँगा कृतकृत्य नहीं
लेकिन जो आशा की,
जो पूछे प्रश्न कभी
अच्छा ही किया उन्हें जो मैंने पूछ लिया।

[1949]

आओ, जल भरे बरतन में

आओ, जल भरे बरतन में झाँकें
साँस से पानी में डोल उठेंगी दोनों छायाएँ
चौंककर हम अलग-अलग हो जाएँगे
जैसे अब, तब भी मिलाएँगे आँखें, आओ

पैठी हुई जल में छाया साथ-साथ भींगे
झुके हुए ऊपर दिल की धड़कन-सी काँपे
करती हुई इंगित कभी हाँ के कभी ना के

आओ, जल भरे बरतन में झाँकें।

[1950]

इतने में किसी ने

धुला हुआ कमरा है; छत तक दीवालें हैं
दौड़ी हुई ऊँची, सफ़ेद, साफ़, सादी
चुपचाप गोद में किताब एक मोटी

बन्द रखकर मैं बैठा रहने का हूँ आदी
आख़िर कब तक यों ही धोता रहूँगा मैं
दूसरों के मैले विचारों की लादी
अथवा शिवलिंग-सा होकर प्रतिष्ठित यहाँ
सोचता रहूँगा 'क्यों करूँ मैं शादी ?'
पता नहीं क्यों यह सामाजिक व्यवधान
तुला है करने पर मेरी बरबादी
मेरी प्रतिभा का कहीं मान नहीं, छिः-छिः यह
नवयुग आज़ादी का, नवयुग की आज़ादी !
इतने में किसी ने टोककर जैसे डपट दिया
"देख, सुन, समझ, अरे घरघुस जनवादी !"
चौंक देखा कोई नहीं, सुना केवल ढप्-ढप्
आँगन में गेहूँ का कूड़ा फटक रहीं
सोलह सेरवाले दिन देखे हुईं दादी।

[1950]

चाँद की आदतें

चाँद की कुछ आदतें हैं।
एक तो वह पूर्णिमा के दिन बड़ा-सा निकल आता है
बड़ा नक़ली (असल शायद वही हो)।
दूसरी यह, नीम की सूखी टहनियों से लटककर।
टँगा रहता है (अजब चिमगादड़ी आदत !)

तथा यह तीसरी भी बहुत उम्दा है
कि मस्जिद की मिनारों और गुम्बद की पिछाड़ी से
ज़रा मुड़िया उठाकर मुँह बिराता है हमें !
यह चाँद ! इसकी आदतें कब ठीक होंगी ?

[1951]

अगर कहीं मैं तोता होता

अगर कहीं मैं तोता होता

तोता होता तो क्या होता ?
तोता होता।
होता तो फिर ?
होता, 'फिर' क्या ?
होता क्या ? मैं तोता होता।
तोता तोता तोता तोता
तो तो तो तो ता ता ता ता
बोल पट्ठे सीता राम

[1951]

यही मैं हूँ

यही मैं हूँ
और जब मैं यही होता हूँ
थका, या उन्हीं-के-से वस्त्र पहने, जो मुझे प्रिय हैं—
दुखी मन में उतर आती है पिता की छवि
अभी तक जिन्हें कष्टों से नहीं निष्कृति
उन्हीं अपने पिता की मैं अनुकृति हूँ
यही मैं हूँ।

[1951]

शक्ति दो

शक्ति दो, बल दो, हे पिता
जब दुख के भार से मन थकने आय
पैरों में कुली की-सी लपकती चाल छटपटाय
इतना सौजन्य दो कि दूसरों के बक्स-बिस्तर घर तक पहुँचा आयें
कोट की पीठ मैली न हो, ऐसी दो व्यथा—
शक्ति दो।

और यह नहीं दो तो यही कहो,
अपने पुत्रों मेरे छोटे भाइयों के लिए यही कहो—
कैसे तुमने अपनी पीढ़ी में किया होगा क्या उपाय ?
कैसे सहा होगा, पिता, कैसे तुम बचे होगे ?

तुमसे मिला है जो विक्षत जीवन का हमें दाय
उसे क्या करें ?
तुमने जो दी है अनाहत जिजीविषा
उसे क्या करें ?
कहो, अपने पुत्रों मेरे छोटे भाइयों के लिए यही कहो।

[1951]

बसन्त आया

जैसे बहन 'दा' कहती है
ऐसे किसी बँगले के किसी तरु (अशोक?) पर कोई चिड़िया कुऊकी
चलती सड़क के किनारे लाल बजरी पर चुरमुराये पाँव तले
ऊँचे तरुवर से गिरे
बड़े-बड़े पियराये पत्ते
कोई छह बजे सुबह जैसे गरम पानी से नहायी हो—
खिली हुई हवा आयी, फिरकी-सी आयी, चली गयी।
ऐसे, फुटपाथ पर चलते-चलते-चलते
कल मैंने जाना कि वसन्त आया।

और यह कैलेण्डर से मालूम था
अमुक दिन अमुक वार मदनमहीने की होवेगी पंचमी
दफ़्तर में छुट्टी थी—यह था प्रमाण
और कविताएँ पढ़ते रहने से यह पता था
कि दहर-दहर दहकेंगे कहीं ढाक के जंगल

आम बौर आवेंगे
रंग-रस-गन्ध से लदे-फँदे दूर के विदेश के
वे नन्दनवन होवेंगे यशस्वी
मधुमस्त पिक भौंर आदि अपना-अपना कृतित्व
अभ्यास करके दिखावेंगे
यही नहीं जाना था कि आज के नगण्य दिन जानूंगा
जैसे मैंने जाना, कि बसन्त आया।

[1952]

हमने यह देखा

यह क्या है जो इस जूते में गड़ता है
यह कील कहाँ से रोज़ निकल आती है
इस दुःख को रोज़ समझना क्यों पड़ता है

फिर कल की जैसी याद तुम्हारी आयी
वैसी ही करुणा है वैसी ही तृष्णा
इस बार मगर कल से है कम दुखदायी

फिर ख़त्म हो गये अपने सारे पैसे
सब चला गया सुख-दुख बट्टेखाते में
रह गये फ़कत हम तुम वैसे के वैसे

फिर अपना पिछला दर्द अचानक जागा
फिर हमने जी लेने की तैयारी की
उस वक़्त तकाज़ा करने आया आग़ा

इस मुश्किल में हमने आख़िर क्या सीखा
इस कष्ट उठाने का कोई मतलब है
या है यह केवल अत्याचार किसी का

'यह तो है ही', शुभचिन्तक यों कहते हैं,
'अपमान, अकेलापन, फ़ाका, बीमारी'
क्यों है ? औ वह सब हम ही क्यों सहते हैं ?

हम ही क्यों यह तकलीफ़ उठाते जायें
दुख देनेवाले दुख दें और हमारे
उस दुख के गौरव की कविताएँ गाएँ !

यह है अभिजात तरीक़े की मक्कारी
इसमें सब दुख हैं, केवल यही नहीं हैं
—अपमान, अकेलापन, फ़ाका, बीमारी

जो हैं, वे भी हो जाया करते हैं कम
है ख़ास ढंग दुख से ऊपर उठने का
है ख़ास तरह की उनकी अपनी तिकड़म

जीवन उनके ख़ातिर है खाना-कपड़ा
वह मिल जाता है और उन्हें क्या चहिए
आख़िर फिर किसका रह जाता है झगड़ा

हम सहते हैं इसलिए कि हम सच्चे हैं
हम जो करते हैं वह ले जाते हैं वे
वे झूठे हैं लेकिन सबसे अच्छे हैं

पर नहीं, हमें भी राह दीख पड़ती है
चलने की पीड़ा कम होती जाती है
जैसे-जैसे वह कील और गड़ती है

हमने यह देखा दर्द बहुत भारी है
आवश्यक भी है, जीवन भी देता है
—यह नहीं कि उससे कुछ अपनी यारी है

हमने यह देखा अपनी सब इच्छाएँ
रह ही जाती हैं थोड़ी बहुत अधूरी
—यह नहीं कि यह कहकर मन को समझाएँ

—यह नहीं कि जो जैसा है वैसा ही हो
यह नहीं कि सब कुछ हँसते-हँसते ले लें
देनेवाले का मतलब कैसा ही हो

—यह नहीं कि हमको एक कष्ट है कोई
जो किसी तरह कम हो जाये, बस छुट्टी
कोई आकर कर दे अपनी दिलजोई

वह दर्द नहीं मेरे ही जीवन का है
वह दर्द नहीं है सिर्फ़ विरह की पीड़ा
वह दर्द ज़िन्दगी के उखड़ेपन का है

वह दर्द अगर ये आँखें नम कर जाये
करुणा कर आप हमारे आँसू पोंछे
—वह प्यार कहीं यह दर्द न कम कर जाये

चिकने कपड़े, अच्छी औरत, ओहदा भी
फ़िलहाल सभी नाकाफ़ी बहलावे हैं
ये तो पा सकता है कोई शोहदा भी

जब ठौर नहीं मिलता है कोई दिल को
हम जो पाते हैं उस पर लुट जाते हैं
क्या यही पहुँचना होता है मंज़िल को ?

हमको तो अपने हक़ सब मिलने चहिए
हम तो सारा का सारा लेंगे जीवन
'कम से कम' वाली बात न हमसे कहिए।

[25.5.52]

प्रभु की दया

बिल्ली रास्ता काट जाया करती है
प्यारी-प्यारी औरतें हरदम बक-बक करती रहती हैं
चाँदनी रात को मैदान में खुले मवेशी
आकर चरते रहते हैं

और प्रभु यह तुम्हारी दया नहीं तो और क्या है
कि इनमें आपस में कोई सम्बन्ध नहीं।

[1952]

पढ़िए गीता

पढ़िए गीता
बनिए सीता
फिर इन सबमें लगा पलीता
किसी मूर्ख की हो परिणीता
निज घरबार बसाइये।

होंय कँटीली
आँखें गीली
लकड़ी सीली, तबियत ढीली
घर की सबसे बड़ी पतीली
भरकर भात पसाइये।

[1952]

ज्वार

तट पर रखकर शंख-सीपियाँ
चला गया हो ज्वार हमारा
तन पर मुद्रित छोड़ गया हो सुख के चिन्ह विकार हमारा
जब सब कर, हम चुके हुए हों, सह सब, चुके हुए हों
जब हम कह सब, चुके हुए हों—
तब तुम, तब तुम ज्वार हमारी तृष्णा के फिर आना
इस जहाज़ को बन्दर में पहुँचा जाना फिर आकर।

तब इस भोगी रोगी संसारी सम्पृक्त हृदय में
ओ अपनी लालसा, गर्व भर जाना
फिर हम निकलें
इस यान्त्रिक युग में भी अपनी जानी-पहचानी नौका के
तार-तार पालों को खोले
छलनी-छलनी काठ हमारी और परीक्षित-दीक्षित हो ले
यदि डगमग डोले तो डोले

और किसी दैनिक सूर्योदय में हम देखें
किसी नये बनढँके अँधेरे का कोई जलधुला किनारा :
जब हम कर सब, चुके हुए हों, सह सब, चुके हुए हों
जब हम कह सब, चुके हुए हों
तब तुम, तब तुम ज्वार हमारी तृष्णा के फिर आना
इस जहाज़ को बन्दर में पहुँचा जाना फिर आकर
रत्नद्वीप है जाना हमको
फिर अपने घर आना हमको
पार किसे करना है यह मुक्तासर, यह भवसागर ?

[1953]

वसन्त

वही आदर्श मौसम
और मन में कुछ टूटता-सा :
अनुभव से जानता हूँ कि यह वसन्त है।

[1953]

स्वीकार

तुममें कहीं कुछ है
कि तुम्हें उगता सूरज, मेमने, गिलहरियाँ, कभी-कभी का मौसम
जंगली फूल-पत्तियाँ, टहनियाँ—भली लगती हैं

आओ उस कुछ को हम दोनों प्यार करें
एक दूसरे के उसी विगलित मन को स्वीकार करें।

[1954]

आज फिर शुरू हुआ

आज फिर शुरू हुआ जीवन
आज मैंने एक छोटी-सी सरल-सी कविता पढ़ी
आज मैंने सूरज को डूबते देर तक देखा

जी भर आज मैंने शीतल जल से स्नान किया

आज एक छोटी-सी बच्ची आयी, किलक मेरे कन्धे चढ़ी
आज मैंने आदि से अन्त तक एक पूरा गान किया

आज फिर जीवन शुरू हुआ।

[1954]

पानी

पानी का स्वरूप ही शीतल है

बाग़ में नल से फूटती उजली विपुल धार
कल-कल करता हुआ दूर-दूर तक जल

हरेरी में सीझता है
मिट्टी में रसता है
देखे से ताप हरता है मन का, दुख बिनसता है।

[1954]

पानी के संस्मरण

कौंध। दूर घोर वन में मूसलाधार वृष्टि
दुण्डर : घना ताल : ऊपर झुकी आम की डाल
बयार : खिड़की पर खड़े, आ गयी फुहार
रात : उजली रेती के पार; सहसा दिखी
शान्त नदी गहरी
मन में पानी के अनेक संस्मरण हैं।

[1954]

प्रतीक्षा

दूसरे तीसरे जब इधर से निकलता हूँ
देखता हूँ, अरे इस वर्ष गुलमोहर में अभी तक फूल नहीं आया
—इसी तरह आशा करते रहना कितना अच्छा है
विश्वास रहता है कि वह प्रज्ज्वलित रूप
मैं भूल नहीं आया।

[1954]

बौर

नीम में बौर आया

इसकी एक सहज गन्ध होती है
मन को खोल देती है गन्ध वह
जब मति मन्द होती है

प्राणों ने एक और सुख का परिचय पाया।

[1954]

नारी

नारी बिचारी है
पुरुष की मारी है
तन से क्षुधित है
मन से मुदित है
लपककर झपककर
अन्त में चित है।

[1954]

दुनिया

हिलती हुई मुँडेरें हैं और चटख़े हुए हैं पुल
बर्रे हुए दरवाज़े हैं और धँसते हुए चबूतरे

दुनिया एक चुरमुरायी हुई-सी चीज़ हो गयी है
दुनिया एक पपड़ियायी हुई-सी चीज़ हो गयी है

लोग आज भी खुश होते हैं
पर उस वक़्त एक बार तरस ज़रूर खाते हैं
लोग ज़्यादातर वक़्त संगीत सुना करते हैं
पर साथ-साथ और कुछ ज़रूर करते रहते हैं
मर्द मुसाहबत किया करते हैं, बच्चे स्कूल का काम
औरतें बुना करती हैं—दुनिया की सब औरतें मिलकर
एक दूसरे के नमूनोंवाला एक अनन्त स्वेटर
दुनिया एक चिपचिपायी हुई-सी चीज़ हो गयी है।

लोग या तो कृपा करते हैं या खुशामद करते हैं
लोग या तो ईर्ष्या करते हैं या चुग़ली खाते हैं
लोग या तो शिष्टाचार करते हैं या खिसियाते हैं
लोग या तो पश्चात्ताप करते हैं या घिघियाते हैं
न कोई तारीफ़ करता है न कोई बुराई करता है
न कोई हँसता है न कोई रोता है
न कोई प्यार करता है न कोई नफ़रत
लोग या तो दया करते हैं या घमण्ड
दुनिया एक फँफुदियायी हुई-चीज़ हो गयी है।

लोग कुछ नहीं करते जो करना चाहिए तो लोग करते क्या हैं
यही तो सवाल है कि लोग करते क्या हैं अगर कुछ करते हैं
लोग सिर्फ़ लोग हैं, तमाम लोग, मार तमाम लोग
लोग ही लोग हैं चारों तरफ़ लोग, लोग, लोग
मुँह बाये हुए लोग और आँख चुँधियाये हुए लोग

कुढ़ते हुए लोग और बिराते हुए लोग
खुजलाते हुए लोग और सहलाते हुए लोग
दुनिया एक बजबजायी हुई-सी चीज़ हो गयी है।

[1957]

धूप

देख रहा हूँ
लम्बी खिड़की पर रक्खे पौधे
धूप की ओर बाहर झुके जा रहे हैं
हर साल की तरह गौरैया
अबकी भी कार्निस पर ला-लाके धरने लगी है तिनके
हालाँकि यह वह गौरैया नहीं
यह वह मकान भी नहीं
ये वे गमले भी नहीं, यह वह खिड़की भी नहीं
कितनी सही है मेरी पहचान इस धूप की।

कितने सही हैं ये गुलाब
कुछ कसे हुए और कुछ झरने-झरने को
और हल्की-सी हवा में और भी, जोखम से
निखर गया है उनका रूप जो झरने को हैं।

और वे पौधे बाहर को झुके जा रहे हैं
जैसे उधर से धूप इन्हें खींचे लिये ले रही है
और बरामदे में धूप होना मालूम होता है
जैसे ये पौधे बरामदे में धूप-सा कुछ ले आये हों।

और तिनका लेने फुर्र से उड़ जाती है चिड़िया
हवा का एक डोलना है : जिसमें अचानक
कसे हुए गुलाब की गमक है और गर्मियाँ आ रही हैं—
हालाँकि अभी बहुत दिन हैं—
कितनी सही है मेरी पहचान इस धूप की।

और इस गौरैया के घोंसले की कई कहानियाँ हैं
पिछले साल की अलग और उसके पिछले साल की अलग
एक सुगन्ध है
बल्कि सुगन्ध नहीं एक धूप है
बल्कि धूप नहीं एक स्मृति है
बल्कि ऊष्मा है, बल्कि ऊष्मा नहीं
सिर्फ़ एक पहचान है
हल्की-सी हवा है और एक बहुत बड़ा आसमान है
और वह नीला है और उसमें धुआँ नहीं है
न किसी तरह का बादल है
और एक हल्की-सी हवा है और रोशनी है
और यह धूप है, जिसे मैंने पहचान लिया है
और इस धूप से भरा हुआ बाहर एक बहुत बड़ा नीला आसमान है
और इस बरामदे में धूप और हल्की-सी हवा और एक बसन्त।

[1957]

दे दिया जाता हूँ

मुझे नहीं मालूम था कि मेरी युवावस्था के दिनों में भी
यानी आज भी
दृश्यालेख इतना सुन्दर हो सकता है :
शाम को सूरज डूबेगा
दूर मकानों की क़तार सुनहरी बुन्दियों की झालर बन जायेगी
और आकाश रंगारंग होकर हवाई अड्डे के विस्तार पर उतर आयेगा
एक खुले मैदान में हवा फिर से मुझे गढ़ देगी
जिस तरह मौक़े की माँग हो :
और मैं दे दिया जाऊँगा।

इस विराट नगर को चारों ओर से घेरे हुए
बड़े-बड़े खुलेपन हैं, अपने में पलटे खाते बदलते शाम के रंग
और आसमान की असली शकल।
रात में वह ज़्यादा गहरा नीला है और चाँद
कुछ ज़्यादा चाँद के रंग का
पत्तियाँ गाढ़ी और चौड़ी और बड़े वृक्षों में एक नयी ख़ुशबूवाले गुच्छों में
सफ़ेद फूल

अन्दर, लोग;
जो एक बार जन्म लेकर भाई-बहन, माँ-बच्चे बन चुके हैं
प्यार ने जिन्हें गलाकर उनके अपने साँचों में हमेशा के लिए
ढाल दिया है
और जीवन के उस अनिवार्य अनुभव की याद
उनकी जैसी धातु हो वैसी आवाज़ उनमें बजा जाती है

सुनो सुनो, बातों का शोर;

शोर के बीच एक गूँज है जिसे सब दूसरों से छिपाते हैं
—कितनी नंगी और कितनी बेलौस!—
मगर आवाज़ जीवन का धर्म है इसलिए मढ़ी हुई करतालें बजाते हैं
लेकिन मैं,
जो कि सिर्फ़ देखता हूँ, तरस नहीं खाता, न चुमकारता, न
क्या हुआ क्या हुआ करता हूँ।

सुनता हूँ, और दे दिया जाता हूँ।
देखो, देखो, अँधेरा है
और अँधेरे में एक ख़ुशबू है किसी फूल की
रोशनी में जो सूख जाती है

एक मैदान है जहाँ हम तुम और ये लोग सब लाचार हैं
मैदान के मैदान होने के आगे।
और खुला आसमान है जिसके नीचे हवा मुझे गढ़ देती है
इस तरह कि एक आलोक की धारा है जो बाँहों में लपेटकर छोड़
देती है और गन्धाते, मुँह चुराते, टुच्ची-सी आकांक्षाएँ बार-बार
ज़बान पर लाते लोगों में
कहाँ से मेरे लिए दरवाज़े खुल जाते हैं जहाँ ईश्वर
और सादा भोजन है और
मेरे पिता की स्पष्ट युवावस्था।
सिर्फ़ उनसे मैं ज़्यादा दूर-दूर तक हूँ
कई देशों के अधभूखे बच्चे
और बाँझ औरतें, मेरे लिए
संगीत की ऊँचाइयों, नीचाइयों में गमक जाते हैं
और ज़िन्दगी के अन्तिम दिनों में काम करते हुए बाप
काँपती साइकिलों पर

भीड़ में से रास्ता निकालकर ले जाते हैं
तब मेरी देखती हुई आँखें प्रार्थना करती हैं
और जब वापस आती हैं अपने शरीर में, तब वह दिया जा
चुका होता है।
किसी शाप के वश बराबर बजते स्थानिक पसन्द के परेशान
संगीत में से
एकाएक छन जाता है मेरा अकेलापन
आवाज़ों को मूर्खों के साथ छोड़ता हुआ
और एक गूँज रह जाती है शोर के बीच जिसे सब दूसरों
से छिपाते हैं
नंगी और बेलौस,
और उसे मैं दे दिया जाता हूँ।

[1958]

सुकवि की मुश्किल

ये और आया है एक हल्ला, जो बच सकें तो कहो कि बचिए
जो बच न पायें तो क्या करूँ मैं, जो बच गये तो बहुत समझिए
सुकवि की मुश्किल को कौन समझे, सुकवि की मुश्किल सुकवि
की मुश्किल
किसी ने उनसे नहीं कहा था कि आइए आप काव्य रचिए।

[1959]

हमारी हिन्दी

हमारी हिन्दी एक दुहाजू की नयी बीबी है
बहुत बोलनेवाली बहुत खानेवाली बहुत सोनेवाली

गहने गढ़ाते जाओ
सर पर चढ़ाते जाओ

वह मुटाती जाये
पसीने से गन्धाती जाये घर का माल मैके पहुँचाती जाये

पड़ोसिनों से जले
कचरा फेंकने को लेकर लड़े

घर से तो ख़ैर निकलने का सवाल ही नहीं उठता
औरतों को जो चाहिए घर ही में है

एक महाभारत है एक रामायण है तुलसीदास की भी राधेश्याम की भी
एक नागिन की स्टोरी बमय गाने
और एक खारी बावली में छपा कोकशास्त्र
एक खूसट महरिन है परपंच के लिए
एक अधेड़ खसम है जिसके प्राण अकच्छ किये जा सकें
एक गुचकुलिया-सा आँगन कई कमरे कुठरिया एक के अन्दर एक

बिस्तरों पर चीकट तकिये कुरसियों पर गौंजे हुए उतारे कपड़े
फर्श पर ढँनगते गिलास
खूँटियों पर कुचैली चादरें जो कुएँ पर ले जाकर फींची जायेंगी

घर में सबकुछ है जो औरतों को चाहिए
सीलन भी और अन्दर की कोठरी में पाँच सेर सोना भी
और सन्तान भी जिसका जिगर बढ़ गया है
जिसे वह मासिक पत्रिकाओं पर हगाया करती है
और ज़मीन भी जिस पर हिन्दी भवन बनेगा

कहनेवाले चाहे कुछ कहें
हमारी हिन्दी सुहागिन है सती है खुश है
उसकी साध यही है कि खसम से पहले मरे
और तो सब ठीक है पर पहले खसम उससे बचे
तब तो वह अपनी साध पूरी करे।

[1957]

तेरे कन्धे

एक रंग होता है नीला
और एक वह जो तेरी देह पर नीला होता है

इसी तरह लाल भी लाल नहीं है
बल्कि एक शरीर के रंग पर एक रंग

दरअसल कोई रंग कोई रंग नहीं है
सिर्फ़ तेरे कन्धों की रोशनी है
और कोई एक रंग जो तेरी बाँह पर पड़ा हुआ है।

[1959]

रचता वृक्ष

देखो वृक्ष को देखो वह कुछ कर रहा है
किताबी होगा कवि जो कहेगा कि हाय पत्ता झर रहा है

रूखे मुँह से रचता है वृक्ष जब वह सूखे पत्ते गिराता है
ऐसे कि ठीक जगह जाकर गिरें धूप में छाँह में

ठीक-ठीक जानता है वह उस अल्पना का रूप
चलती सड़क के किनारे जिसे आँकेगा
और जो परिवर्तन उसमें हवा करे
उससे उदासीन है।

[1959]

खिंचा गुलाब

प्रार्थना में नमित रहकर
जरूरत भर
जब

सिर उठाया
तब
सुबह हो गई
डाल पर ठहरा हुआ है खिंचा फूल गुलाब का।

[1959]

अभी तक खड़ी स्त्री

ग्रीष्म फिर आ गया
फिर हरे पत्तों के बीच
खड़ी है वह
ओंठ नम
और भरा-भरा-सा चेहरा लिये
बदली की रोशनी-सी नीचे को देखती

निरखता रह
उसे कवि
न कह
न हँस
न रो
कि वह
अपनी व्यथा इस वर्ष भी नहीं जानती।

[1959]

लाखों का दर्द

लखूखा आदमी दुनिया में रहता है
मेरे उस दर्द से अनजान जो कि हर वक़्त
मुझे रहता है हिन्दी में दर्द की सैकड़ों
कविताओं के बावजूद

और लाखों आदमियों का जो दर्द मैं जानता हूँ
उससे अनजान
लखूखा आदमी दुनिया में रहे जाता है।

[4.2.61]

चढ़ती स्त्री

बच्चा गोद में लिए
चलती बस में
चढ़ती स्त्री

और मुझमें कुछ दूर तक घिसटता जाता हुआ।

नेता क्षमा करें

लोगो, मेरे देश के लोगो और उनके नेताओ
मैं सिर्फ़ एक कवि हूँ

मैं तुम्हें रोटी नहीं दे सकता न उसके साथ खाने के लिए ग़म
न मैं मिटा सकता हूँ ईश्वर के विषय में तुम्हारा सम्भ्रम

लोगों में श्रेष्ठ लोगो मुझे माफ़ करो,
मैं तुम्हारे साथ आ नहीं सकता।

यानी कि आप ही सोचें कि जो कवि नहीं हैं
कि लोग सब एक तरफ़ और मैं एक तरफ़
और मैं कहूँ कि तुम सब मेरे हो
पूछिए, कौन हूँ मैं ?

मैंने कोशिश की थी कि कुछ कहूँ उनसे
लेकिन जब कहा तुमको प्यार करता हूँ
मेरे शब्द एक लहरियाता दोगाना बन
उकड़ूँ बैठे लोगों पर भिनभिनाने लगे

फिर कुछ लोग उठे बोले कि आइए तोड़ें पुरानी—फ़िलहाल—मूर्तियाँ
साथ न दो हाथ ही दो सिर्फ़ उठा

झोले में बन्द कर एक नयी मूर्ति मुझे दे गये

यानी कि आप ही देखें कि जो कवि नहीं हैं
अपनी एक मूर्ति बनाता हूँ और ढहाता हूँ
और आप कहते हैं कि कविता की है
क्या मुझे दूसरों की तोड़ने की फ़ुरसत है ?

[*कल्पना*, मई '63]

अधिनायक

राष्ट्रगीत में भला कौन वह
भारत-भाग्य-विधाता है
फटा सुथन्ना पहने जिसका
गुन हरचरना गाता है।
मख़मल टमटम बल्लम तुरही
पगड़ी छत्र चँवर के साथ
तोप छुड़ाकर ढोल बजाकर
जय-जय कौन कराता है।
पूरब-पच्छिम से आते हैं
नंगे-बूचे नरकंकाल
सिंहासन पर बैठा, उनके
तमग़े कौन लगाता है।
कौन-कौन है वह जन-गण-मन-
अधिनायक वह महाबली
डरा हुआ मन बेमन जिसका
बाजा रोज़ बजाता है।

स्वाधीन व्यक्ति

इस अँधेरे में कभी-कभी
दीख जाती है किसी की कविता
चौंध में दिखता है एक और कोई कवि
हम तीन कम-से-कम हैं, साथ हैं।

आज हम
बात कम काम ज़्यादा करना चाहते हैं
इसी क्षण
मारना या मरना चाहते हैं
और एक बहुत बड़ी आकांक्षा से डरना चाहते हैं
ज़िलाधीशों से नहीं।

कुछ भी लिखने से पहले हँसता और निराश
होता हूँ मैं
कि जो मैं लिखूँगा वैसा नहीं दिखूँगा
दिखूँगा या तो
रिरियाता हुआ
या गरजता हुआ
किसी को पुचकारता
किसी को बरजता हुआ
अपने में अलग सिरजता हुआ कुछ अनाथ
मूल्यों को
नहीं मैं दिखूँगा।

खण्डन लोग चाहते हैं या कि मण्डन
या फिर केवल अनुवाद लिसलिसाता भक्ति से
स्वाधीन इस देश में चौंकते हैं लोग
एक स्वाधीन व्यक्ति से

बहुत दिन हुए तब मैंने कहा था लिखूँगा नहीं
किसी के आदेश से
आज भी कहता हूँ

किन्तु आज पहले से कुछ और अधिक बार
बिना कहे रहता हूँ
क्योंकि आज भाषा ही मेरी एक मुश्किल नहीं रही

एक मेरी मुश्किल है जनता
जिससे मुझे नफ़रत है सच्ची और निस्संग
जिस पर कि मेरा क्रोध बार-बार न्योछावर होता है

हो सकता है कि कोई मेरी कविता आख़िरी कविता हो जाये
मैं मुक्त हो जाऊँ
ढोंग के ढोल जो डुंड बजाते हैं उस हाहाकार में
यह मेरा अट्टहास ज़्यादा देर तक गूँजे खो जाने के पहले
मेरे सो जाने के पहले।
उलझन समाज की वैसी ही बनी रहे

हो सकता है कि लोग लोग मार तमाम लोग
जिनसे मुझे नफ़रत है मिल जायें, अहंकारी
शासन को बदलने के बदले अपने को
बदलने लगें और मेरी कविता की नकलें
अकविता जायें। बनिया बनिया रहे
बाम्हन बाम्हन और कायथ कायथ रहे
पर जब कविता लिखे तो आधुनिक
हो जाये। खीसें बा दे जब कहो तब गा दे।

हो सकता है कि उन कवियों में मेरा सम्मान न हो
जिनके व्याख्यानों से सम्राज्ञी सहमत हैं
घूर पर फुदकते हुए सम्पादक गदगद हैं

हो सकता है

हो सकता है कि कल जब कि अँधेरे में दिखे
मेरा कवि बन्धु मुझे
वह न मुझे पहचाने, मैं न उसे पहचानूँ।
हो सकता है कि यही मेरा योगदान हो कि
भाषा का मेरा फल जो चाहे मेरी हथेली से खुशी से चुग ले।
अन्याय तो भी खाता रहे मेरे प्यारे देश की देह

[13.6.66]

नयी हँसी

महासंघ का मोटा अध्यक्ष
धरा हुआ गद्दी पर खुजलाता है उपस्थ
सर नहीं,
हर सवाल का उत्तर देने से पेशतर

बीस बड़े अख़बारों के प्रतिनिधि पूछें पचीस बार
क्या हुआ समाजवाद
कहे महासंघपति पचीस बार हम करेंगे विचार
आँख मारकर पचीस बार वह, हँसे वह पचीस बार
हँसें बीस अख़बार

एक नयी ही तरह की हँसी यह है

पहले भारत में सामूहिक हास परिहास तो नहीं ही था
लोग आँख से आँख मिला हँस लेते थे

इसमें सब लोग दायें-बायें झाँकते हैं
और यह मुँह फाड़कर हँसी जाती है।
राष्ट्र को महासंघ का यह सन्देश है
जब मिलो तिवारी से—हँसो—क्योंकि तुम भी तिवारी हो
जब मिलो शर्मा से—हँसो—क्योंकि वह भी तिवारी है
जब मिलो मुसद्दी से
खिसियाओ
जातपाँत से परे
रिश्ता अटूट है
राष्ट्रीय झेंप का।

[15.3.67]

फ़िल्म के बाद चीख़

इस ख़ुशबू के साथ जुड़ी हुई
है एक घटिया फ़िल्म की दास्ताँ
रंगीन फ़िल्म की

ऊबे अँधेरे में
खड़े हुए बाहर निकलने से पहले बन्द होते हुए
कमरे में
एक बार
भीड़ में
जान-बूझ

कर चीख़
ना होगा
ज़िन्दा रहने के लिए

भौंचक बैठी हुई रह जाएँ
पीली कन्याएँ
सीली चाचियों के पास
टिकी रहे क्षण-भर को पेट पर
यौवन के एक महान क्षण की मरोड़
फिर साँस छोड़कर चले
जनता
सुथन्ना सम्हालती

सारी जाति एक झूठ को पीकर
एक हो गयी फ़िल्म के बाद
एक शर्म को पीकर युद्ध के बाद
सारी जाति एक

इस हाथ को देखो
जिसमें हथियार नहीं
और अपनी घुटन को समझो, मत
घुटन को समझो अपनी
कि भाषा कोरे वादों से
वायदों से भ्रष्ट हो चुकी है सबकी

न सही यह कविता
यह मेरे हाथ की छटपटाहट सही
यह कि मैं घोर उजाले में खोजता हूँ

आग
जब कि हर अभिव्यक्ति
व्यक्ति नहीं
अभिव्यक्ति
जली हुई लकड़ी है न कोयला न राख
क्रोध, नक्कू क्रोध, कातर क्रोध
तुमने किस औरत पर उतारा क्रोध

वह जो दिखलाती है पेट पीठ और फिर
भी किसी वस्तु का विज्ञापन नहीं है
मूर्ख, धर्मयुग में अस्तुरा बेचती है वह
कुछ नहीं देती है बिस्तर में बीस बरस के मेरे
अपमान का जवाब

हर साल एक और नौजवान घूँसा
दिखाता है मेज़ पर पटकता है
बूढ़ों की बोली में खोखले इरादे दोहराता है
हाँ हमसे हुई जो ग़लती सो हुई
कहकर एक बूढ़ा उठ
एक सपाट एक विराट एक खुर्राट समुदाय को
सिर नवाता है

हर पाँच साल बाद निर्वाचन
जड़ से बदल देता है साहित्य अकादमी
औरत वही रहती है वही जाति
या तो अश्लील पर हँसती है या तो सिद्धान्त पर

सेना का नाम सुन देशप्रेम के मारे

मेज़ें बजाते हैं
सभासद भद भद भद कोई नहीं हो सकती
राष्ट्र की
संसद एक मन्दिर है जहाँ किसी को द्रोही कहा नहीं
जा सकता
दूधपिये मुँहपोंछे आ बैठे जीवनदानी गोंद-
दानी सदस्य तोंद सम्मुख धर
बोले कविता में देशप्रेम लाना हरियाना प्रेम लाना
आइसक्रीम लाना है
भोला चेहरा बोला
आत्मा ने नकली जबड़ेवाला मुँह खोला

दस मन्त्री बेईमान और कोई अपराध सिद्ध नहीं
काल रोग का फल है अकाल अनावृष्टि का
यह भारत एक महागद्दा है प्रेम का
ओढ़ने-बिछाने को, धारण कर
धोती महीन सदानन्द पसरा हुआ

दौड़े जाते हैं डरे लदेफँदे भारतीय
रेलगाड़ी की तरफ़
थकी हुई औरत के बड़े दाँत
बाहर गिराते हैं उसकी बची-खुची शक्ति
उसकी बच्ची अभी तीस साल तक
अधेड़ होने तक तीसरे दर्जे में
मातृभूमि के सम्मान का सामान ढोती हुई
जगह ढूँढ़ती रहे

चश्मा लगाये हुए एक सिलाई-मशीन
कन्धे उठाये हुए

वे भागे जाते हैं जैसे बमबारी के
बाद भागे जाते हों नगर-निगम की
सड़ाँध लिये-दिये दूसरे शहर को
अलग-अलग वंश के वीर्य के सूखे
अण्डकोष बाँध।
भोंपू ने कहा
पाँच बजकर ग्यारह मिनट सत्रह डाउन नौ
नम्बर लेटफारम
सिर उठा देखा विज्ञापन में फ़िल्म के लड़की
मोटाती हुई चढ़ी प्राणनाथ के सिर उसे
कहीं नहीं जाना है।

पाँच दल आपस में समझौता किये हुए
बड़े-बड़े लटके हुए स्तन हिलाते हुए
जाँघ ठोंक एक बहुत दूर देश की विदेश नीति पर
हौंकते डौंकते मुँह नोच लेते हैं
अपने मतदाता का

एक बार जान-बूझकर चीख़ना होगा
ज़िन्दा रहने के लिए
दर्शकदीर्घा में से
रंगीन फ़िल्म की घटिया कहानी की
सस्ती शायरी के शेर
संसद-सदस्यों से सुन
चुकने के बाद।

कोई एक और मतदाता

जब शाम हो जाती है तब ख़त्म होता है मेरा काम
जब काम ख़त्म होता है तब शाम ख़त्म होती है
रात तक दम तोड़ देता है परिवार
मेरा नहीं एक और मतदाता का संसार।

रोज़ कम खाते-खाते ऊबकर
प्रेमी-प्रेमिका एक पत्र लिख दे गये सूचना विभाग को

दिन-रात साँस लेता है ट्रांजिस्टर लिये हुए खुशनसीब खुशीराम
फुरसत में अन्याय सहते में मस्त
स्मृतियाँ खँखोलता हकलाता बतलाता सवेरे
अख़बार में उसके लिए ख़ास करके एक पृष्ठ पर दुम
हिलाता सम्पादक एक पर गुरगुराता है

एक दिन आख़िरकार दुपहर में छुरे से मारा गया खुशीराम
वह अशुभ दिन था, कोई राजनीति का मसला
देश में उस वक़्त पेश नहीं था। खुशीराम बन नहीं
सका क़त्ल का मसला, बदचलनी का बना, उसने
जैसा किया वैसा भरा

इतना दुख मैं देख नहीं सकता।

कितना अच्छा था छायावादी
एक दुख लेकर वह एक गान देता था
कितना कुशल था प्रगतिवादी
हर दुख का कारण वह पहचान लेता था

कितना महान था गीतकार
जो दुख के मारे अपनी जान लेता था
कितना अकेला हूँ मैं इस समाज में
जहाँ सदा मरता है एक और मतदाता।

अकाल

फूटकर चलते फिरते छेद
भूमि की पर्त गयी है सूख
औरतें बाँधे हुए उरोज
पोटली के अन्दर है भूख।
आसमानी चट्टानी बोझ
ढो रही है पत्थर की पीठ।
लाल मिट्टी लकड़ी ललछौर
दाँत मटमैले इकटक दीठ
कटोरे के पेंदे में भात
गोद में लेकर बैठा बाप
फ़र्श पर रखकर अपना पुत्र
खा रहा है उसको चुपचाप।
पीटकर कृष्णा के तटबन्ध
लौटकर पानी जाता डूब
रात होते उठती है धुन्ध
ऊपरी आमदनी की ऊब।
जोड़कर हाथ काढ़कर खीस

खड़ा है बूढ़ा रामगुलाम
सामने आकर के हो गये
प्रतिष्ठित पंडित राजाराम।
मारते वही जिलाते वही
वही दुर्भिक्ष वही अनुदान
विधायक वही, वही जनसभा
सचिव वह, वही पुलिस कप्तान।
दया से देख रहे हैं दृश्य
गुसलख़ाने की खिड़की खोल
मुक्ति के दिन भी ऐसी भूल !
रह गया कुछ कम ईसपगोल !

[1967]

आत्महत्या के विरुद्ध

समय आ गया है जब तब कहता है सम्पादकीय
हर बार दस बरस पहले मैं कह चुका होता हूँ कि समय आ गया है।

एक ग़रीबी, ऊबी, पीली, रोशनी, बीबी
रोशनी, धुन्ध, जाला, यमन, हरमुनियम अदृश्य
डब्बाबन्द शोर
गाती गला भींच आकाशवाणी
अन्त में टड़ंग।

अकादमी की महापरिषद की अनन्त बैठक
अदबदाकर निश्चित कर देती है जब कुछ और नहीं पाती
तो ऊब का स्तर
एक सीली उँगली का निशान डाल दस्तख़त कर
तले हुए नाश्ते की तेलौस मेज़ पर।
नगरनिगम ने त्योहार जो मनाया तो जनसभा की
मन्थर मटकता मन्त्री मुसद्दीलाल महन्त मंच पर चढ़ा
छाती पर जनता की
वसन्ती रंग जानते थे न पंसारी न मुसद्दीलाल
दोनों ने राय दी
कन्धे से कन्धा भिड़ा ले चलो
पालकी।

कल से ज़्यादा लोग पास मँडराते हैं
ज़रूरत से ज़्यादा आसपास ज़रूरत से ज़्यादा नीरोग
शक से कि व्यर्थ है जो मैं कर रहा हूँ
क्योंकि जो कह रहा हूँ उसमें अर्थ है।

कल मैंने उसे देखा लाख चेहरों में एक वह चेहरा
कुढ़ता हुआ और उलझा हुआ वह उदास कितना बोदा
वही था नाटक का मुख्यपात्र
पर उसकी ठस पीठ पर मैं हाथ रख न सका
वह बहुत चिकनी थी।

लौट आओ फिर उसी खाते-पीते स्वर्ग में
पिटे हुए नेता, पिटे अनुचर बुलाते हैं
मार फड़फड़ाते हैं पंख साल दो साल गले बँधी घंटियाँ

पढ़ी-लिखी गरदनें बजाती हैं फिर उड़ जाता है विचार
हम रह जाते हैं अधेड़
कुछ होगा कुछ होगा अगर मैं बोलूँगा
न टूटे न टूटे तिलिस्म सत्ता का मेरे अन्दर एक कायर टूटेगा टूट
मेरे मन टूट एक बार सही तरह
अच्छी तरह टूट मत झूठमूठ ऊब मत रूठ
मत डूब सिर्फ टूट जैसे कि परसों के बाद
वह आया बैठ गया आदतन एक बहस छेड़कर
गया एकाएक बाहर ज़ोरों से एक नक़ली दरवाज़ा
भेड़कर
दर्द दर्द मैंने कहा क्या अब नहीं होगा
हर दिन मनुष्य से एक दर्जा नीचे रहने का दर्द
गरजा मुस्टंडा विचारक—समय आ गया है
कि रामलाल कुचला हुआ पाँव जो घसीटकर
चलता है अर्थहीन हो जाये।

छुओ
मेरे बच्चे का मुँह
गाल नहीं जैसा विज्ञापन में छपा
ओंठ नहीं
मुँह
कुछ पता चला जान का शोर डर कोई लगा
नहीं—बोला मेरा भाई मुझे पाँव-तले
रौंदकर, अंग्रेजी।

कितना आसान है पागल हो जाना
और भी जब उस पर इनाम मिलता है

नक़ली दरवाज़े पीटते हैं जवान हाथों को
काम सर को आराम मिलता है : दूर
राजधानी से कोई क़स्बा दोपहर बाद छटपटाता है
एक फटा कोट एक हिलती चौकी एक लालटेन
दोनों, बाप मिस्तरी, और बीस बरस का नरेन
दोनों पहले से जानते हैं पेंच की मरी हुई चूड़ियाँ
नेहरू-युग के औज़ारों को मुसद्दीलाल की सबसे बड़ी देन

अस्पताल में मरीज़ छोड़कर आ नहीं सकता तीमारदार
दूसरे दिन कौन बतायेगा कि वह कहाँ गया
निष्कासित होते हुए मैंने उसे देखा था
जयपुर-अधिवेशन जब समेटा जा रहा था
जो मजूर लगे हुए थे कुर्सी ढोने में
उन्होंने देखा एक कोने में बैठा है
अजय अपमानित
वह उसे छोड़ गये
कुर्सी को
सन्नाटा छा गया

कितना आसान है नाम लिखा लेना
मरते मनुष्य के बारे में क्या करूँ क्या करूँ मरते मनुष्य का
अन्तरंग परिषद से पूछकर तय करना कितना
आसान है कितनी दिलचस्प है नेहरू की
आशंसा पाटिल की भर्त्सना की कथा
कितनी घुटन के अन्दर घुटन के
अन्दर घुटन से कितनी सहज मुक्ति

कितना आसान है रख लेना अपने पास अपना वोट
क्योंकि प्रतिद्वन्द्वी अयोग्य है
अत्याचारी हत्या किये जाय जब तक कि स्वर्णधूलि
स्वर्णशिखर से आकर आत्मा के स्वर्णखण्ड
किये जाय
गोल शब्दकोश में अमोल बोल तुतलाते
भीमकाय भाषाविद हाँफते डकारते हँकाते
अँगरेज़ी की अवध्य गाय
घंटा घनघनाते पुजारी जयजयकार
सरकार से क़रार जारी हज़ार शब्द रोज़
क़ैद
रोज़ रोज़ एक और दर्द एक क्रोध एक बोध
और नापैद

कल पैदा करना होगा भूखी पीढ़ी को
आज जो अनाज पेट भरता है
लो हम चले यह रक्खे हैं उर्वरक सम्बन्धी
कुछ विचार
मुन्न से बोले विनोबा से जैनेन्द्र दिल्ली में बहुत बड़ी लपसी
पकायी गयी युद्ध से बदहवास
जनता के लिए लड़ो या न लड़ो
भारत पाकिस्तान अलग-अलग करो
फिर मरो कढ़िलकर
भूल जाओ
राजनीति
अध्यापक याद करो किसके आदमी हो तुम

याद करो विद्यार्थी तुम्हें आदमी से
एक दर्जा नीचे
किसका आदमी बनना है—दर्द ?
दर्द, खैराती अस्पताल में डाक्टर ने कहा वह मेरा काम नहीं
वह मुसद्दी का है
वही भेजता है मुझे लिखकर इसे अच्छा करो
जो तुम बीमार हो तुमने उसे खुश नहीं किया होगा
अब तुम बीमार हो तो उसे खुश करो
कुछ करो
उसने कहा लोहिया से लोहिया ने कहा
कुछ करो
खुश हुआ वह चला गया अस्पताल में भीड़
भौचक भीड़ धाँय धाँय
सौ हज़ार लाख दर्द आठ दस क्रोधं
तीन चार बन्द बाज़ार भय भगदड़ गर्द
लाल
छाँह धूप छाँह, नहीं घोड़े-बन्दूक
धुआँ खून ख़त्म चीख़
कर हम जानते नहीं
हम क्या बनाते हैं
जब हम दफ़नाते हैं
एक हताश लड़के की लाश बार-बार
एक बेबसी
थोड़ी-सी मिटती है
फिर करने लगती है भाँय-भाँय
समय जो गया है उसके सन्नाटे में राष्ट्रपति
प्रकटे देते हुए सीख समाचारपत्र में छपी

दुधमुँही बच्ची खाती हुई भीख
खिसियाते कुलपति
मुसद्दीलाल
घिघियाते उपकुलपति
एक शब्द कहीं नहीं कि वह लड़का कौन था
क्या उसके बहनें थीं
क्या उसने रक्खे थे टीन के बक्से में अपने अजूबे
वह कौन-कौन-से पकवान
खाता था
एक शब्द कहीं नहीं एक वह शब्द जो वह खोज
रहा था जब वह मारा गया।

सन्नाटा छा गया
चिट्ठी लिखते-लिखते छुटकी ने पूछा
'क्या दो बार लिख सकते हैं कि याद
आती है ?'
'एक बार मामी की एक बार मामा की ?'
'नहीं, दोनों बार मामी की'
'लिख सकती हो ज़रूर बेटी,' मैंने कहा
समय आ गया है
दस बरस बाद फिर पदारूढ़ होते ही
नेतराम, पदमुक्त होते ही न्यायाधीश
कहता है—समय आ गया है—
मौक़ा अच्छा देखकर प्रधानमन्त्री
पिटा हुआ दलपति अख़बारों से
सुन्दर नौजवानों से कहता है गाता बजाता
हारा हुआ देश।

समय जो गया है
मेरे तलुवे से छनकर पाताल में
वह जानता हूँ मैं।

[1967]

मेरा प्रतिनिधि

उसके दिल की धड़कन
उस दिल की धड़कन है
भीड़ के शिकार के
सीने में जो है।

हाहाकार
उठता है घोष कर
एक जन
उठता है रोष कर
व्याकुल आत्मा से आक्रोश कर
अकस्मात
अर्थ
भर जाता है पुरुष वह
हम सबके निर्विवाद जीने में।
सिंहासन ऊँचा है सभाध्यक्ष छोटा है
अगणित पिताओं के
एक परिवार के

मुँह बाये बैठे हैं लड़के सरकार के
लूले काने बहरे विविध प्रकार के
हल्की-सी दुर्गन्ध से भर गया है सभाकक्ष।
सुनो वहाँ कहता है
मेरा प्रतिनिधि
मेरी हत्या की करुण कथा।

हँसती है सभा
तोंद मटका
ठठाकर
अकेले अपराजित सदस्य की व्यथा पर
फिर मेरी मृत्यु से डरकर चिंचियाकर
कहती है
अशिव है अशोभन है मिथ्या है।

मैं
कि जो अन्यत्र
भीड़ में मारा गया था

लिये हुए मशअलें रात में
लोग
मुझे लाये थे साथ में
काग़ज़
था एक मेरे हाथ में
मेरी स्वाधीन जन्मभूमि पर जन्म लिये होने का मेरा प्रमाणपत्र।

मारो मारो मारो शोर था मारो
एक ओर साहब था

सेठ था सिपाही था
एक ओर मैं था
मेरा पुत्र और भाई था
मेरे पास आकर खड़ा हुआ एक राही था
एक ओर आकाश में हो चला था भोर।
मैं अपने घर में फिर
वापस आऊँगा
मैंने कहा

बीस वर्ष
खो गये भरमे उपदेश में
एक पूरी पीढ़ी जनमी पली पुसी क्लेश में
बेगानी हो गयी अपने ही देश में
वह
अपने बचपन की
आज़ादी
छीनकर लाऊँगा।

तभी मुझे क़त्ल किया लो मेरे प्रतिनिधि मेरा प्रमाण
घुटता था गला व्यर्थ सत्य कहते-कहते
वाणी से विरोध कर तन से सहते-सहते
सील-भरी बन्द कोठरी में रहते-रहते
तोड़ दिया द्वार आज; देखो-देखो मेरी मातृभूमि का उजाड़ !

[*जनवरी* '67]

शराब के बाद का सवेरा

शराब के बाद का सवेरा
न मालूम कहाँ होंगी कुतरी हुई किताब की खुशियाँ
भूले हुए डर के याद आने पर न मालूम कहाँ होंगी

रोज़ के बार-बार आने की ठहरी हुई तस्वीर में
एक खँडहर है।
किसी ने हरी सारी सूखने को टाँग दी है।

एक लड़की कि जिसकी बाढ़ मारी गयी है
डर के मारे नहीं बताती है मुझको वह
अपना दुख

लाठी टेक माँगता है भीख बुड्ढा ठीक-ठीक
कितना दूँ मुझे बता नहीं सकता।
बस यहीं तक रात को पी थी
एक मुट्ठी-भर घिसी रंगीन छोटी पेंसिलें
एक नाटक का पुराना अकेले का टिकट
पाँच पैसे का कि जो सचमुच नहीं थे
ठण्डा सिक्का
कल
दे गयी थी
माँ।

जन्म के कितने दिनों के बाद आयी थी
वह मेरी मरी हुई माँ।
जो महान मकान बना है पड़ोस में

वह मुझ पर गिर पड़ेगा
फिर मेरी गर्मियों की छुट्टियाँ हो जायेंगी
मेरे अपने स्कूल के अन्दर से निकलकर
बचपन के आख़िरी दिन
आयेंगे घर के कोने में
कहानियों की अलमारी की खुशबू
और ठण्डा चिकना फ़र्श
मलबे के तले से एक हाथ छुड़ाकर
उसे टोता हूँ। ढ नहीं ट

सो गये, वह रहे, सो रहे हैं सब बच्चे
जो मैंने पैदा किये
ख़त्म हो गया बहुत बड़े सुनसान में
एक इंसान का गुणगान, शराब का गिलास
गिलास गिलास मैंने कहा जाम नहीं
दिन निकला रामधुन नहीं रामसरन
चिड़ीदिल दिन-भर मेरे यहाँ
बैठा रहा अपने मरे दिल के बक्से पर

मैंने नहीं माँगी है यह ग़लीज़ शान्ति
पर वह आयी है ये दोनों हथेलियाँ
मेरी हैं मैंने पहचाना देखो कितनी
बड़ी उपलब्धि

बस यहीं तक रात को पी थी

दिन निकला फोड़कर
चित्रगुप्त-सभा के सचिव के दाँत

नाम कहाँ तक याद रक्खूँ
लोगों को उनकी तोंद से जानता हूँ
पहले मुझे वही मिली देवीदयाल वर्मा में
कितनी शान्तिभरी घुटनभरी
आदमी से आदमी के बचाव की ढाल।

[*जनवरी* '67]

सड़क पर रपट

देखो सड़क पार करता है पतला-दुबला बोदा आदमी
आती हुई टरक का इसको डर नहीं
या कि जल्दी चलने का इसमें दम नहीं रहा
आँख उठा देखता है वह डरेवर को
देखो मैं ऐसे ही चल पाता हूँ

मैंने इस तरह के आदमी इस बरस पिछले के मुकाबले बहुत देखे
जिनको खाने को पूरा नहीं मिला बरस भर
कैसे भी पहुँच जाते हैं दफ़्तर वक़्त से
घर लौट आते हैं देर-सबेर घरवालों को कभी अस्पताल
में पड़े नहीं मिलते हैं

मैंने इस वर्ष देखे एक खास किस्म के नौजवान रँगेचुँगे
चुस्त
उठाकर अँगूठा रोकते हुए मोटर
सवारी का हक भाईचाराना माँगते
इस वर्ष कारें भी बढ़ीं नौजवान भी
इस वर्ष मैंने देखा बल्कि एक दिन देखा
एक दिन अस्पताल एक दिन स्कूल के सामने

खड़ा हुआ एक लँगड़ा बूढ़ा एक दिन नन्हा लड़का पार
जाने को एक-एक घंटे इन्तज़ार में
कि कोई कारवाला गाड़ी धीमी करे
इस वर्ष मैंने और भी देखा
कुत्ते जगह-जगह कुचले
वे ठिठक गये थे जहाँ थे बीच रस्ते पर
उनके न ताक़त थी उनके न इच्छा थी कि दौड़कर बच जायें

यह रपट यहीं ख़त्म होती है चाहे एक मामूली बात और जोड़ लें
कि इस वर्ष मैंने और अधिक मोटर मालिक देखे नियम तोड़कर
बायें हाथ से अगली गाड़ी से अगिया जाते हुए

उन लड़कों का यहाँ जिक्र नहीं किया गया
जो इन्हें देखकर खून का घूँट पीकर रह जाते हैं
क्योंकि उनमें से कोई दुर्घटना में शामिल नहीं हुआ

[1970]

औरत की ज़िन्दगी

कई कोठरियाँ थीं क़तार में
उनमें किसी में एक औरत ले जायी गयी
थोड़ी देर बाद उसका रोना सुनाई दिया

उसी रोने से हमें जाननी थी एक पूरी कथा
उसके बचपन से जवानी तक की कथा

[1972]

जीने का खेल

मुझे क्यों लग रहा है कि बच्चे घर में लौट आये
आँख मूँदे उनकी बोली उस वाले कमरे में
क्यों सुनने लगा हूँ मैं
मेरी कल्पना उनके सब संवाद तर्कसहित सुनती है

एक दिन
मेरे अपने जीवन में ही ख़त्म होनेवाला
है यह खेल
इस घर की दीवार पर मेरी तसवीर होगी
बच्चे आयेंगे पर मेरी कल्पना में नहीं—अपने
समय से आयेंगे
और उनकी बोली में उनका तर्क नहीं होगा
जिसको आज सुनता हूँ

दो अर्थ का भय

मैं अभी आया हूँ सारा देश घूमकर
पर उसका वर्णन दरबार में करूँगा नहीं
राजा ने जनता को बरसों से देखा नहीं
यह राजा जनता की कमज़ोरियाँ न जान सके इसलिए मैं
जनता के क्लेश का वर्णन करूँगा नहीं इस दरबार में

सभा में विराजे हैं बुद्धिमान
वे अभी राजा से तर्क करने को हैं

आज कार्यसूची के अनुसार
इसके लिए वेतन पाते हैं वे
उनके पास उग्रस्वर ओजमयी भाषा है

मेरा सब क्रोध सब कारुण्य सब क्रन्दन
भाषा में शब्द नहीं दे सकता
क्योंकि जो सचमुच मनुष्य मरा
उसके भाषा न थी

मुझे मालूम था मगर इस तरह नहीं कि जो
ख़तरे मैंने देखे थे वे जब सच होंगे
तो किस तरह उनकी चेतावनी देने की भाषा
बेकार हो चुकी होगी
एक नयी भाषा दरकार होगी
जिन्होंने मुझसे ज़्यादा झेला है
वे कह सकते हैं कि भाषा की ज़रूरत नहीं होती
साहस की होती है
फिर भी बिना बतलाये कि एक मामूली व्यक्ति
एकाएक कितना विशाल हो जाता है
कि बड़े-बड़े लोग उसे मारने पर तुल जायें
रहा नहीं जा सकता

मैं सब जानता हूँ पर बोलता नहीं
मेरा डर मेरा सच एक आश्चर्य है
पुलिस के दिमाग़ में वह रहस्य रहने दो
वे मेरे शब्दों की ताक में बैठे हैं
जहाँ सुना नहीं उनका ग़लत अर्थ लिया और मुझे मारा

इसलिए कहूँगा मैं
मगर मुझे पाने दो
पहले ऐसी बोली
जिसके दो अर्थ न हों

पानी पानी

पानी पानी
बच्चा बच्चा
हिन्दुस्तानी
माँग रहा है
पानी पानी

जिसको पानी नहीं मिला है
वह धरती आज़ाद नहीं
उस पर हिन्दुस्तानी बसते हैं
पर वह आबाद नहीं

पानी पानी
बच्चा बच्चा
माँग रहा है
हिन्दुस्तानी

जो पानी के मालिक हैं
भारत पर उनका कब्ज़ा है
जहाँ न दें पानी वाँ सूखा
जहाँ दें वहाँ सब्ज़ा है

अपना पानी

माँग रहा है
हिन्दुस्तानी

बरसों पानी को तरसाया
जीवन से लाचार किया
बरसों जनता की गंगा पर
तुमने अत्याचार किया

हमको अक्षर नहीं दिया है
हमको पानी नहीं दिया
पानी नहीं दिया तो समझो
हमको बानी नहीं दिया
अपना पानी
अपनी बानी हिन्दुस्तानी
बच्चा बच्चा माँग रहा है

धरती के अन्दर का पानी
हमको बाहर लाने दो
अपनी धरती अपना पानी
अपनी रोटी खाने दो

पानी पानी
पानी पानी
बच्चा बच्चा
माँग रहा है
अपनी बानी
पानी पानी
पानी पानी
पानी पानी

आज का पाठ है

आज का पाठ है : मृत्यु के साधारण तथ्य
अनेक हैं; मुख्य लिखो

वह सबको एक सी नहीं आती
न सब मृत्यु के बाद एक हो जाते हैं
वैसे ही जैसे पहले नहीं थे

लाश वह चीज़ है जो संघर्ष के बाद बच रहती है
उसमें सहेजी हुई रहती है : एक पिचकी थाली
एक चीकट कंघी और देह के अन्दर की टूट
सिर्फ़ एक चीख़ बाहर आती है जो कि दरअसल
एक अन्दरूनी मामला है और अभी शोध का विषय है

तब वह—चीख़ नहीं—लाश भेज दी जाती है छपाई के लिए
अन्त में वह देसी भाषा की एक कविताई बन जाती है
विश्वव्यापी अंग्रेज़ी में तर्जुमा के लिए

मैं क्या कर रहा था जब मैं मरा
मुझसे ज़्यादा तो तुम जानते लगते हो
तुमने लिखा मैंने कहा था स्वाधीनता
शायद मैंने कहा था बचाओ
अब मैं मर चुका हूँ
मुझे याद नहीं कि मैंने क्या कहा था

जब एक महान संकट से गुज़र रहे हों
पढ़े-लिखे जीवित लोग

एक अधमरी अपढ़ जाति के संकट को दिशा देते हुए
तब
आप समझ सकते हैं कि एक मरे हुए आदमी को
मसखरी कितनी पसन्द है
पर
तब मैं पूछूँगा नहीं कि सौ मोटी गरदनें
झुकी हैं
बुद्धि के बोझ से
श्रद्धा से
कि लज्जा से
मैं सिर्फ़ उन सौ गंजी चाँदों पर टकटकी बाँधे रहूँगा
—अपनी मरी हुई मशीनगन की टकटकी

[1972]

वह कौन था ?

वह जनसभा न थी राष्ट्रीय दिवस था
एक बड़े राष्ट्र का
कितने आरामदेह होते हैं अन्य बड़े राष्ट्रों के
राष्ट्रदिवस दिल्ली में
एक मंत्री भीड़ के बीच खोया-सा सहसा मिल गया मुझे
देखते ही बोला—अच्छे हो !
मैंने कहा—हुजूर ने पहचाना !
तब कहने लगा जैसे यही पहचान हो

तुम अभी संकट से मुक्त नहीं हुए हो
फिर जैसे शक हो गया हो कि भूल की—
क्षण भर घूरा मुझे
बोला—कल मेरे पास आना तब बाक़ी बताऊँगा

जाने कौन व्यक्ति था जिसको इसने मुझे समझा

आनेवाला ख़तरा

इस लज्जित और पराजित युग में
कहीं से ले आओ वह दिमाग़
जो खुशामद आदतन नहीं करता

कहीं से ले आओ निर्धनता
जो अपने बदले में कुछ नहीं माँगती
और उसे एक बार आँख से आँख मिलाने दो

जल्दी कर डालो कि फलने-फूलनेवाले हैं लोग
औरतें पियेंगी आदमी खायेंगे—रमेश
एक दिन इसी तरह आयेगा—रमेश
कि किसी की कोई राय न रह जायेगी—रमेश
क्रोध होगा पर विरोध न होगा
अर्जियों के सिवाय—रमेश
ख़तरा होगा ख़तरे की घंटी होगी
और उसे बादशाह बजायेगा—रमेश

[1974]

सेब बेचना

मैंने कहा डपटकर
ये सेब दाग़ी हैं
नहीं नहीं साहब जी
उसने कहा होता
आप निश्चिन्त रहें
तभी उसे खाँसी का दौरा पड़ गया
उसका सीना थामे खाँसी यही कहने लगी

[1974]

बड़ी हो रही है लड़की

जब वह कुछ कहती है
उसकी आवाज़ में
एक कोई चीज़
मुझे एकाएक औरत की आवाज़ लगती है जो
अपमान बड़े होने पर सहेगी

वह बड़ी होगी
डरी और दुबली रहेगी
और मैं न होऊँगा
वे किताबें वे उम्मीदें न होंगी
जो उसके बचपन में थीं

कविता न होगी साहस न होगा
एक और ही युग होगा जिसमें ताक़त ही ताक़त होगी
और चीख़ न होगी

लम्बी और तगड़ी बेधड़क लड़कियाँ
धीरज की पुतलियाँ
अपने साहबों को सलाम ठोंकते मुसाहबों को ब्याहकर
आ रही होंगी जा रही होंगी
वह खड़ी लालच में देखती होगी उनका क़द

एक कोठरी होगी
और उसमें एक गाना जो खुद गाया नहीं होगा किसी ने
क़ैदी से छीनकर गाने का हक़ दे दिया गया होगा वह गाना
कि उसे जब चाहो तब नहीं जब वह बजे तब सुनो
बार-बार एक-एक अन्याय के बाद वह बज उठता है

वह सुनती होगी मेरी याद करती हुई
क्योंकि हम कभी-कभी साथ-साथ गाते थे
वह सुर में मैं सुर के आसपास

एक पालना होगा
वह उसे देखेगी और अपने बचपन की यादें आयेंगी
अपने बचपन के भविष्य की इच्छा
उन दिनों कोई नहीं करता होगा
वह भी न करेगी

हँसो हँसो जल्दी हँसो

हँसो तुम पर निगाह रखी जा रही है

हँसो अपने पर न हँसना क्योंकि उसकी कड़वाहट
पकड़ ली जायेगी और तुम मारे जाओगे
ऐसे हँसो कि बहुत ख़ुश न मालूम हो
वरना शक होगा कि यह शख़्स शर्म में शामिल नहीं
और मारे जाओगे

हँसते-हँसते किसी को जानने मत दो किस पर हँसते हो
सबको मानने दो कि तुम सबकी तरह परास्त होकर
एक अपनापे की हँसी हँसते हो
जैसे सब हँसते हैं बोलने के बजाय

जितनी देर ऊँचा गोल गुंबद गूँजता रहे, उतनी देर
तुम बोल सकते हो अपने से
गूँज थमते-थमते फिर हँसना
क्योंकि तुम चुप मिले तो प्रतिवाद के जुर्म में फँसे
अन्त में हँसे तो तुम पर सब हँसेंगे और तुम बच जाओगे

हँसो पर चुटकुलों से बचो
उनमें शब्द हैं
कहीं उनमें अर्थ न हों जो किसी ने सौ साल पहले दिये हों

बेहतर है कि जब कोई बात करो तब हँसो
ताकि किसी बात का कोई मतलब न रहे
और ऐसे मौकों पर हँसो
जो कि अनिवार्य हों

जैसे ग़रीब पर किसी ताक़तवर की मार
जहाँ कोई कुछ कर नहीं सकता
उस ग़रीब के सिवाय
और वह भी अक्सर हँसता है
हँसो हँसो जल्दी हँसो
इसके पहले कि वह चले जायें
उनसे हाथ मिलाते हुए
नज़रें नीची किये
उनको याद दिलाते हुए हँसो
कि तुम कल भी हँसे थे

रामदास

चौड़ी सड़क गली पतली थी
दिन का समय घनी बदली थी
रामदास उस दिन उदास था
अंत समय आ गया पास था
उसे बता यह दिया गया था उसकी हत्या होगी

धीरे-धीरे चला अकेले
सोचा साथ किसी को ले ले
फिर रह गया, सड़क पर सब थे
सभी मौन थे सभी निहत्थे
सभी जानते थे यह उस दिन उसकी हत्या होगी

खड़ा हुआ वह बीच सड़क पर
दोनों हाथ पेट पर रखकर
सधे कदम रख करके आये
लोग सिमटकर आँख गड़ाये
लगे देखने उसको जिसकी तय था हत्या होगी
निकल गली से तब हत्यारा
आया उसने नाम पुकारा
हाथ तौलकर चाकू मारा
छूटा लोहू का फ़व्वारा
कहा नहीं था उसने आख़िर उसकी हत्या होगी
भीड़ ठेलकर लौट गया वह
मरा पड़ा है रामदास यह
देखो देखो बार बार कह
लोग निडर उस जगह खड़े रह
लगे बुलाने उन्हें जिन्हें संशय था हत्या होगी

मुझे कुछ और करना था

मुझे कुछ और करना था
पर मैं कुछ और कर रहा हूँ
मुझे कुछ और करना था इस अधूरे संसार में मुझे
कुछ पूरा करना था मकान मालिक से वायदे के अलावा मुझे
इस डरावने समाज में रहकर चीख़ते रहने के अलावा कुछ
      और मुझे
करना था इस ठसाठस भरे कमरे में हाथ में तश्तरी लिए
      खड़े खड़े

खाते रहने के अतिरिक्त—रिक्त तश्तरी के अतिरिक्त—
तोड़ना था मुझे
बहुत कुछ इसी वर्ष
पर मैं बना रहा हूँ शीशे के सामने हजामत
गाना था गरजना था हँसना था मुझे शायद
कहीं शायद जाना था
सालन पकाना था समेटकर आस्तीन
हौंककर डराना था अकडू को
और भी बुलकारना था बड़बोले को
ललकारना था मुझे बाँके को
गोद में लेकर सुलाना था अपने हाथों पीटे हुए बच्चे को

मुझे कुछ और करना था हाँफते हुए नमस्ते करने के अलावा
आज सुबह
चकित नहीं रह जाना था मुझे देखकर
चालीस के आसपास का समाज
पर मैं चकित हूँ कि कब हो गये सब सफल लोग सफल

मैंने रोज़ रोज़ देखी एक बड़ी जाति के जबड़े में जाती एक
छोटी आस था
पाँच राज्य के अकाल में जीवित रह ज़ाने की शर्म ढोते हुए
मुझे कुछ करना था
पर मैं पुस्तकालय में बैठा हूँ
एक बार खोजता हूँ एक परिचित मुँह एक बार लपककर
फिर
एक मोटी किताब
जानना था जानना था जानना था

किस वक्त देश का कामकाज हमउम्र लोगों के हाथ आ
गया
पर मैंने जाना कि यह समाज
विद्रोही वीरों का दीवाना है विरोध का नहीं

पैदल आदमी

जब सीमा के इस पार पड़ी थीं लाशें
तब सीमा के उस पार पड़ी थीं लाशें
सिकुड़ी ठिठरी नंगी अनजानी लाशें

वे उधर से इधर आ करके मरते थे
या इधर से उधर जा करके मरते थे
यह बहस राजधानी में हम करते थे

हम क्या रुख़ लेंगे यह इस पर निर्भर था
किसका मरने से पहले उनको डर था
भुखमरी के लिए अलग-अलग अफ़सर था

इतने में दोनों प्रधानमंत्री बोले
हम दोनों में इस बरस दोस्ती हो ले
यह कहकर दोनों ने दरवाज़े खोले

परराष्ट्र मंत्रियों ने दो नियम बताये
दो पारपत्र उसको जो उड़कर आये
दो पारपत्र उसको जो उड़कर जाये

पैदल को हम केवल तब इज़्ज़त देंगे
जब देकर के बंदूक उसे भेजेंगे
या घायल से घायल अदलें बदलेंगे

पर कोई भूखा पैदल मत आने दो
मिट्टी से मिट्टी को मत मिल जाने दो
वरना दो सरकारों का जाने क्या हो

हिंदू पुलिस

बूढ़े सुकुल का जब अन्त समय आया
गिरते-गिरते उसके शव ने मुँह बाया
सठिआया अपाहिज कुछ समझ नहीं पाया

सुना था जहाँ पर है कन्याकुमारी
दूर उसी दक्षिण से जब पहली बारी
गया आया हिंदू तो गोली क्यों मारी

आँखें फाड़े सुकुल यह रहस्य देखता
उत्तर दक्षिण के 36 भये देवता
केन्द्रीय रिज़र्व पुलिस भारत की एकता

[1974]

अकेली औरत

मोहन बीमार पड़ा
कमला को लगा कि वह अब सारी दुनिया को
छोड़कर उसके पास आया है

दो दिन ऐसा रहा
फिर मोहन रोग के एकांत के भीतर
और कहीं चला गया
कमला फिर अकेली रह गयी कमला

लुभाना

खड़ी किसी को लुभा रही थी
चालिस के ऊपर की औरत
घड़ी-घड़ी खिलखिला रही थी
चालिस के ऊपर की औरत
खड़ी अगर होती वह थककर
चालिस के ऊपर की औरत
तो वह मुझको सुन्दर लगती
चालिस के ऊपर की औरत
ऐसे दया जगाती थी वह
चालिस के ऊपर की औरत
वैसे काम जगाती शायद
चालिस के ऊपर की औरत

रोया

मैंने जमा कीं
नौ जवान
या दस बेबस लड़कियाँ
और उन्हें चिपके कपड़े पहना दिये
फिर मैं रोया उनके स्तनों की असली शक्ल देखकर

दर्द

देखो शाम घर जाते बाप के कंधे पर
बच्चे की ऊब देखो
उसको तुम्हारी अंग्रेज़ी कह नहीं सकती
और मेरी हिंदी भी कह नहीं पायेगी
अगले साल

टेलिविज़न

मैं संपन्न आदमी हूँ है मेरे घर में टेलिविज़न
दिल्ली और बंबई दोनों के बतलाता है फ़ैशन
कभी-कभी वह लोकनर्तकों की तसवीर दिखाता है
पर यह नहीं बताता है उनसे मेरा क्या नाता है
हर इतवार दिखाता है वह बंबइया पैसे का खेल

गुंडागर्दी औ' नामर्दी का जिसमें होता है मेल
कभी-कभी वह दिखला देता है भूखा-नंगा इंसान
उसके ऊपर बजा दिया करता है सारंगी की तान

कल जब घर को लौट रहा था देखा उलट गयी है बस
सोचा मेरा बच्चा इसमें आता रहा न हो वापस
टेलिविज़न ने ख़बर सुनायी पैंतिस घायल एक मरा
ख़ाली बस दिखला दी ख़ाली दिखा नहीं कोई चेहरा
वह चेहरा जो जिया या मरा व्याकुल जिसके लिए हिया
उसके लिए समाचारों के बाद समय ही नहीं दिया
तब से मैंने समझ लिया है अकाशवाणी में बनठन
बैठे हैं जो ख़बरोंवाले वे सब हैं जन के दुश्मन
उनको शक था दिखला देते अगर कहीं छत्तिस इंसान
साधारण जन अपने-अपने लड़के को लेता पहचान
ऐसी दुर्भावना लिये है जन के प्रति जो टेलिविज़न
नाम दूरदर्शन है उसका काम किंतु है दुर्दशन

मेरा लड़का

मैंने देखा मेरे एक बड़ा लड़का था
परदेश में था वह
जिस दिन उसे आना था नहीं आया
फिर सहसा जाना कि वह कभी था ही नहीं

अतुकांत चंद्रकांत

चंद्रकांत बावन में प्रेम में डूबा था
सत्तावन में चुनाव उसको अजूबा था
बासठ में चिंतित उपदेश से ऊबा था
सरसठ में लोहिया था और ··· और क्यूबा था
फिर जब बहत्तर में वोट पड़ा तो यह मुल्क नहीं था
हर जगह एक सूबेदार था हर जगह सूबा था

अब बचा महबूबा पर महबूबा था कैसे लिखूँ

चेहरा

चेहरा कितनी विकट चीज़ है
जैसे-जैसे उम्र गुज़रती है वह या तो
एक दोस्त होता जाता है या तो दुश्मन
    देखो सब चेहरों को देखो
    पहली बार जिन्हें देखा है
    उन पर नज़र गड़ाकर देखो
    तुमको ख़बर मिलेगी उनसे
    अख़बारों से नहीं मिलेगी

    सब जाने-पहचाने चेहरे
    जाने कितनी जल्दी में हैं
    कतराते हैं मुड़ जाते हैं

नौजवान हँसता है कहकर
ठीक सामने 'तो मेरा क्या'

लोग देखते खड़े रहे सब
पहने सुन्दर सुथरे चेहरे
हँस करके पूछने लगे फिर
अगर वही हो तुम जिससे तुम
लड़ते हो तो लड़ते क्यों हो

बोले थे अभी आप जाने क्या
सबको सुनाई दिया हा हा हा
आपके विचार में तर्क है धमकी है
तर्क करने पर दंड देने की धमकी है
आप जासूस हैं आप हैं डरावने
आप विश्वास से देख रहे सामने

झुर्रियाँ डरा हुआ दुबला-साँवला चेहरा
बस से उतरी हुई भीड़ में एक-एक कर देखा वह नहीं था
पिछली बार बहुत देर पहले उसे अच्छी तरह देखा था
रोज़ आते-जाते हैं बस में लोग एक दिन ख़त्म हो जाते हैं
या कि ख़त्म नहीं होते चुपचाप
मरने के लिए कहीं दुबक जाते हैं

एकाएक चौंककर डूबे किताब में आदमी ने फ़ोन किया
गणतन्त्र दिवस की परेड का मेरा पास कहाँ है
वह पढ़ा-लिखा पुरुष पुलिस को देखने
जायेगा जिससे उसे राजपुरुष देख लें

दफ़्तर में दल के गया वे जमे बैठे थे

तने हुए जितना वे तन सकते थे मोटे शरीर
उनके तले शक्ति थी दबी हुई जनता की
उस शक्ति की पीड़ा उनके चेहरे पर थी
जब वे एक लम्बी पाद पादे राहत मिली

खेत में सजी हुई क्यारियाँ थीं
उनमें पानी भरा था
मैंने हाथ से उन्हें पटीला
अँखुए झाँकते दिखाई दिये
सपना था यह
धीरे से बदल गया
अब मुझे याद नहीं शायद मेरी बीवी थी
खुले बाल दूर देखती हुई दौड़ी आती थी
दौड़ता आया लड़का हाँफता हाथ में ... आप इसे
पीछे भूल गये थे मुझसे कहा
दौड़ने में उसका चेहरा सफ़ेद पड़ गया था
आँखें फट रही थीं क्योंकि उसके तन में
काफ़ी ख़ून नहीं था
जो शरीर सूखे मरे पाये गये
उनमें जाने कितने कलाकारों के थे
उनकी कोई रचना छपी नहीं थी बल्कि
उनकी कोई रचना हुई नहीं थी क्योंकि
अभी उन्हें करनी थी
दो हज़ार वर्ष के अत्याचार के नीचे से उठकर
उन्हें एक दिन करनी थी रचना
इसके पहले ही वे मारे गये
इस वर्ष पिछले वर्ष की तरह

सभा में बैठा था हिन्दी का लेखक
राजा ने कहा कि मेरे भाषण के बाद
इसका कोई हिन्दी में उल्था कर देगा
लेखक अपनी जगह बैठा डरने लगा
अनुवाद करने को उसे कहा जायेगा
क्योंकि वह हिन्दी का लेखक है
लेकिन अध्यक्ष हिन्दीवाले थे
कहा कोई बात नहीं
बाकी भाषण हिन्दी में होंगे
अब पचास मिनट बचे और पन्द्रह वक्ता हैं
बोल लें हिन्दी पाँच-पाँच मिनट

लोगों को जब मारो तो वे हँसते हैं
कि वाह कितना मेरा दर्द पहचाना
बहुत दिन हो गये जिनसे मिले हुए
उनमें से बहुत से अब मिलने के काबिल नहीं रहे
वे इतने बूढ़े हो चुके हैं कि उन्हें अब भविष्य के
किसी मसले पर मुझसे कोई बात करने को
नहीं रह गयी है
वे क्रोध में कहते हैं कुछ अनर्गल जो
मैं समझ पाता नहीं सत्य या असत्य है
जब मैंने कहा कि यह फ़िल्म घातक है
इसमें मनुष्य को झूठा दिखाया है
तो प्रधानमंत्री नाराज़ हुए—यह व्यक्ति मेरे विरुद्ध है

छोटे क़द के बूढ़े जब अमीर होते हैं
कितने दुष्ट लगते हैं

हँसमुख जब रहते हैं
बूढ़े होने के साथ थकती है बुद्धि
किन्तु देह में बल है
इससे भय लगता है

जीने का अच्छा ढंग बूढ़े होते-होते क्षय होते जाना है
किन्तु लोग देह स्वस्थ रखने पर बहुत ज़ोर देते हैं
काले कुम्हलाये हुए काले रंगवाले नौजवानों की एक
सभा में बैठा है बूढ़ा जिसे राज्यसभा में अच्छे स्वास्थ्य
के बल पर हिस्सा मिलने की उम्मीद है

कुछ चेहरों को हम सुन्दर क्यों कहते हैं
क्योंकि वे ताक़तवर लोगों के चेहरों से दो हज़ार साल से
मिलते-जुलते चले आते हैं
सुन्दर और क्रूर चेहरे मशहूर हैं दूर-दूर तक
देसी इलाक़ों में

चेहरे वाक्य हैं कहानियाँ किताबें कविताएँ आवाज़ें हैं
उन्हें देखो उन्हें सुनो
मसनद लगाये हुए व्यक्ति ने बार-बार कहा है
तुम उनमें से एक हो
पर उसका मतलब है तुम और एक हो
सब चेहरे सुन्दर हैं पर सबसे सुन्दर है वह चेहरा
जिसे मैंने देर तक चुपके से देखा हो
इतनी देर तक कि मैंने उसमें और उसके जैसे
एक और चेहरे में अन्तर पहचाना हो

तू सुन्दर है
इसलिए नहीं कि डरी हुई है
तू अपने में सुन्दर है

वह आकर बैठा धीरे से
घूरने लगा घबराया-सा
मेरे यन्त्रों को मुझसे आँख चुरा
वे अद्भुत चमकीले डब्बे युद्ध के चित्र लेते थे
घाव को असल से बढ़िया रंग देकर के
कैमरे के उधर की बिलखती एक जाति के
और चौदह बरस के लड़के के दरमियान
मैं किसका प्रतिनिधित्व करता था

जादूभरा कैमरा वह छूना चाहता था
चौदह बरस की उम्र में वह जानना ही जानना चाहता था
उसे इतना कौतूहल था कि वह
अपनी निर्धनता को भूल गया
सहसा उसने जैसे मन्त्रमुग्ध
दोनों हाथों से वह बक्सा उठा लिया
क्षण-भर मैं डरा फिर अभिजात स्नेह से
कहा लो देखो मैं तुम्हें बतलाता हूँ
उसने एक बार कैमरे पर हाथ फेरा
और मुझे इतनी नफ़रत से देखा कि किसी ने
कभी नहीं देखा था

प्राचीन राजधानी अधमरे लोग
वही लोग ढोते उन्हीं लोगों को
रिक्शे में
पन्द्रह लाख आबादी दस लाख शरणार्थी
रिक्शेवाले की पीठ शरणार्थी की पीठ
एक-सी दीखती

बस चेहरे हैं जैसे बलपूर्वक अलग-अलग किये गये
एक बुढ़िया लपकी हुई जाती थी
पीछे-पीछे चुप चलती थी औरत वह बहन थी
आगे-आगे लाश पर पूरा कफ़न नहीं था
वे उसे ले जाते थे जल्दी जला देने को

वह लड़की भीख माँगती थी दबी ढँकी
एकाएक दूसरी भिखारिन को वहाँ देख
वह उस पर झपटी
इतनी थोड़ी देर को विनय
और इतनी थोड़ी देर को क्रोध
जर्जर कर रहा है उसके शरीर को

अपने बच्चों का मुँह देखो इस साल
और अगले साल के लिए उनके पुराने कपड़े तहाकर रख लो
उनकी कहानी का अन्त आज ही कोई जान नहीं सकता है

गुलाम स्वप्न

एक बड़े खँडहर की ऊपर की मंज़िल में
दो लड़कियाँ दिखाई दीं
एक धारीधार कमीज़ पहने खड़ी थी
एक गाल पर हाथ धरे बैठी थी
वह एक सफ़ेद सारी पहने थी

छोटी ने मुझको पहचाना

बाबू
बड़ी के भरे चेहरे को तब धीरे-धीरे मैंने जाना
बेटी

वे क़ैदख़ाने में थीं अपने बाप को
हत्या में मदद पहुँचाने के जुर्म में

फिर मैंने देखा कि मैंने एक कमरे में
एक आदमी को गिरकर मरते हुए देखा है

मैंने बहुत बहस की कई दफ़्तरों में
जाने क्यों सारा दारोमदार एक छाते पर था
मैं छटपटाया कि वह मेरा सिद्ध हो
पर उनको उसमें ख़ून लगा हुआ मिल गया
मुझे याद नहीं कि मेरा क्या हुआ
दोनों लड़कियों को जनमक़ैद मिली

कई बरस बीत गये

बड़ी उसी खँडहर में बैठी थी
वह तब से और बड़ी नहीं हुई थी
पर उसके चेहरे पर उम्र दिख रही थी
छोटी कहाँ है
जब मैंने पूछा
तो जाने किसने बताया कि वह अब नहीं है

वह भागी होगी
खिलखिलाती हुई
फिर अन्त में कहाँ कैसे हुआ होगा नहीं पता

मैं बूढ़ा हो गया

मैंने कहा इतने बरस बाद भी
सत्य यही है
मैंने हत्या नहीं की

वे ऊपरवाले कमरे में चले गये
और वहाँ बड़ी गोल मेज़ पर बैठा हुआ
उनके बीच वह भी था जिसको मैंने अपने
कमरे में मरते हुए देखा था

वे बहुत देर तक बातचीत करते रहे
मुझे पता नहीं चला
किस तरह के सबूत की उन्हें खोज है
सिर्फ़ यह सुना कि प्रश्न एक बड़े दायरे से जुड़ा है

मेरा कोई निर्णय नहीं हो सका
इससे कोई परेशान नहीं था
कोई एक निर्णय नहीं हो सका
इससे कोई परेशान नहीं था

उनके पास मेरी दो संतानें क़ैद थीं

(वे भी नहीं जानते थे कि एक कहाँ गयी)

हैं

संस्कृति मन्त्री से कहा राजा ने देखो देखो मन्त्रीजी
हर एक विधा के भीतर कितने प्राचीन कलारूप—

क्या तुम्हें यह उपयोगी नहीं दिखाई देता ?
क्यों नहीं तुम सैकड़ों कलाकार इसी काम पर लगा देते
कि वे उनमें से पुराने रूप लेकर नयी रचनाएँ करें ?
क्या तुम नहीं समझ पाते कि यह उनको
एक अनिश्चित आगामी कल रचने से रोके रखने का सरलतम ढंग है?

यह समाज मर रहा है इसका मरना पहचानो मन्त्री
देश ही सबकुछ है धरती का क्षेत्रफल सबकुछ है
सिकुड़कर सिंहासन-भर रह जाये तो भी वह सबकुछ है
राजा ने मन में कहा जो राजा प्रजा की दुर्बलता नहीं पहचानता
वह अपने देश को नहीं बचा सकता प्रजा के हाथों से

यह समाज मर रहा है : नकल अपनी ही नकल करता जा रहा है
गाने में बजाने में पहनने में कुछ भी बनाने में यह उस
ज़रूरत की पवित्रता से तपाया हुआ निखरता नहीं जिससे वह बनाता है
चाहे वह भजन की धुन हो चाहे स्मारक का शिलालेख
यह नहीं कि वह सिर्फ़ कृतित्वहीन है
बल्कि उन कम होते हुए लोगों को भी अधिकाधिक
बड़ा शत्रु मानता जा रहा है जो अब भी अपनी आग से रचते हैं
और अपने लिए रचते हैं अपनी आग
इस तरह राजा ने सोचा एक बड़ी लड़ाई जारी है—कितनी सुन्दर !—
और कहा उन कम होते हुए लोगों को संस्कृति मन्त्रालय भी
अपना शत्रु माने सब समाज के साथ

जनता से उसने कहा मैं जानता हूँ बहुत गिर चुका है तुम्हारे साथ
तुम्हारे विचारकों का व्यवहार
वे आते हैं और जहाँ काफ़ी जी लिये

जीवन को सब कोई एक से शब्दों में निस्सार बताकर चले जाते हैं,
उनकी शैलियों में वैविध्य भी अब नहीं रहा जो मुझे रुचता था
इसलिए नौजवानों को पहले रोटी के बारे में सोचना चाहिए
और बाद में कुछ और जिसके लिए वक़्त बहुत पड़ा है बुढ़ापे में
इतना प्रकट कहकर राजा स्वगत बोला—जैसा वह
अब भी कभी-कभी करता था—
जो बूढ़े हो चुके वे हो चुके ख़त्म
जो बूढ़े हो रहे हैं वे अभी ज़िन्दा हैं
जो जवान हैं और नतीजों पर पहुँच चुके हैं
वे भी ख़त्म हो चुके
जो जवान हैं और हर बार ग़लतियाँ करके
जानते जा रहे हैं कि ग़लतियाँ क्या हैं
वे अभी ज़िन्दा हैं
जो अधमरे आदमी के चारों ओर पीटनेवालों की भीड़ देख
मन में हिसाब बैठाते हैं कि अब वह बचेगा या नहीं
और बचता न दिखे तो ऐलान करते हैं कि एक नया आदमी
पैदा करना है साथियो
वे ख़त्म हो चुके
जो अधमरे आदमी हैं वे ज़िन्दा हैं
वही देश के दुश्मन हैं—जोर से बोला
जो लोग कम होते जा रहे हैं शत्रु हैं संस्कृति मन्त्री ने कहा
जो लोग जो लोग जो लोग
कम होते कम होते कम होते
जा रहे जा रहे जा रहे
अन्त में उसने कहा हैं हैं हैं

स्त्री

स्त्री की देह
मुस्कुराती स्त्री
उसकी देह

पीठ इधर करते ही
उसके जीवन के
दस बरस और दिखे

हर स्त्री के
गर्भ में रहते हैं
उसके आनेवाले क्लेश

जब वह घुटने मोड़कर
करवट लेती हो
तब देखोगे कि तुम
देख रहे हो कि
उस पर अन्याय होंगे ही

पर उसका चेहरा उसका विद्रोह है
यह कितनी कम औरतें जान पाती हैं

इस भ्रम में भूली हुई कि वह भविष्य है
वह घुटने मोड़कर करवट लेट जाती हैं।

[18.1.76]

तुम्हारे विचार

ये सब मेरे विचार हैं जिन्हें तुम आज
धड़ल्ले से प्रकट कर रहे हो
पर ये ठीक-ठीक वे विचार नहीं—धन्यवाद
क्योंकि मैं कभी ताक़त से नहीं बोला
उम्मीद से बोला कि शायद मैं सही हूँ
ताक़त से नहीं कि चाहे सही हूँ या नहीं हूँ
बोल मैं ही सकता हूँ

यह ताक़त आज से पहले तुम्हारी आवाज़ में
नहीं थी, तुम्हारे विचार में भी दम नहीं था
पर आज जब तुमने मेरे विचार ले लिये हैं
और उन्हें सत्ता की ताक़त से कहा है
तो उस पर एक ख़ास तरह की हँसी आती है
पर मैं उसे दबाता हूँ क्योंकि मैं
तुम्हारे हाथों
अपने विचार की बरबादी बचाने के लिए
अपने विचार को अपनी ही तरह कहने के लिए
रखता हूँ

और तुम्हें एक अन्धी गली में फँसने के लिए
छोड़ता हूँ।

[1978]

मनुष्य-मछली युद्ध

जो मछलियाँ मीठे पानी में रह रही हैं
उन्हें हम समुद्र में डाल रहे हैं
क्योंकि मीठे पानी की मछलियाँ बिकती हैं
क्योंकि हम समुद्र से मछलियाँ पकड़ते हैं
क्योंकि हमारी नावें विकराल हैं
नदी में समाती नहीं

हम मछलियाँ पकड़ते हैं क्योंकि उन्हें
डब्बे में बन्द कर बेचेंगे
डब्बे में बन्द मछली हमारे लोकतन्त्र का प्रतीक है
हर एक के लिए ताज़ा मछली की जगह उपलब्ध

हम विज्ञान को जीत रहे हैं
मछली को डब्बे में बन्द करने के लिए
उस मछली को मीठे पानी में न रहने देने के लिए विधि आविष्कार
कर रहे हैं

मगर विज्ञान हमको जो आँकड़े देता है
वे बताते हैं कि मछलियों में समुद्र से
लौटकर मीठे पानी में जाने की अदम्य इच्छा है

हम मछली की नस्ल तगड़ी कर रहे हैं
ताकि वह स्वादु हो और महँगी भी
मछली तगड़ी हो रही है और मीठे पानी में
लौट आने को ताक़त से तड़प रही है

हम विज्ञान से इन नतीजों पर पहुँचे हैं
कि हमें मछली को समुद्र में डालकर
उसे इतनी जल्दी मार लेना होगा
कि वह नदी में फिर न आने पाए।

[14.9.78]

रंगों का हमला

यदि मैं चित्रकार होता
कुछ रंगों को छोड़ चुका होता जो डिब्बों में आते हैं और बड़ी
दीवारों पर पोते जाते हैं
सड़क पार करने में ठिठके व्यक्ति को दबा लेते हैं जो

कुछ पीड़ाएँ काँटेदार तार के बाड़ों से बनती हैं
उनको कैसे ले पाते हैं कलाकार मानो वर्तुल रेखाओं से कुछ सजा
रहे हों

नहीं जानता

सबसे ताज़ा शैली तो यह है कि ढेर से मरे हुओं की लाशों का संपुंजन
एक सन्तुलित संपुंजन, करें और उससे तटस्थ हों कहें कि यह
आकार सृष्टि है

और न जाने कितने चेहरे ऐसे हैं कि कसम ले लो मैं नहीं बनाता

वह भूखा लड़का जिसको मालूम है कि तस्वीर बनेगी
वह औरत जो पहरे में भी कड़े-छड़े पहने है खुश है
वह बूढ़ा जो सिर्फ झुर्रियों के कारण आँका जाता है
मैं न आँकता

मैं वे खण्डहर भी न आँकता जो हिन्दू-मुस्लिम दंगों में बच रहते हैं
यह बतलाते हुए कि हम तब वहाँ नहीं थे
रंग एक दमदार चीज़ है इसीलिए वह सबसे ज़्यादा
कब्ज़ा करने क़ाबिल भी है
शब्दों से भी ज़्यादा
शब्दों को तो यों ही कह देते हैं ब्रह्म शब्द के अर्थ
निकल सकते हैं दो रंगों के नहीं
इसलिए रंग बनाने और बेचनेवाले अपने चित्रकार लेकर आते हैं
तसवीरें रंगीन बनाने को अकाल की

मैं तो केवल चित्रकला सीखना चाहता हूँ पर मुझको
एक तेज आलोक एक आकाश एक या एक अँधेरा
कहाँ मिलेगा जो कि कुँवारे रंगों में है
मुहावरों में नहीं बचा है

देखो जिनको मारा है उनके चेहरों को
उन पर कोई रंग नहीं है
पर सौदागर ज़रा देर में उनमें कोई रंग डालकर
उनको कपड़े पहना देंगे चिकनाए आवरण पृष्ठ पर

यदि तुम रंगों का यह हमला रोक सको तो रोको वरना

मत आँको तस्वीरें
कम-से-कम
विरोध में

और अगर चेहरे गढ़ने हों तो अत्याचारी के चेहरे खोजो
अत्याचार के नहीं
इसको हम जानते बहुत हैं, वह अब भी छिपता फिरता है।

[9.9.79]

लोग भूल गये हैं

लोग भूल गये हैं एक तरह के डर को जिसका कुछ उपाय था
एक और तरह का डर अब वे जानते हैं जिसका
कारण भी नहीं पता

इसमें एक तरह की खुशी है
जो एक नीरस ज़िन्दगी में कोई सनसनी आने पर होती है
कभी किसी को मौत की ख़बर सुनकर मुस्करा उठते हुए
अनजाने में देखा होगा

वह एक तरह की अनायास खुशी होती है
मौत का डर अपने से दूर चले जाने की राहत की
और फिर ध्यान उसी वक़्त कभी-कभी ऐसे बँट जाता है कि हम
मरनेवाले की तकलीफ़ कभी
जान सकने के लायक़ नहीं रह जाते

रोज़ कुछ और लोग वह भुतही मुस्कान लिये हुए
सामने से जाते

जब वह दोबारा आयेंगे देखना वे मरे हुए हैं
और जब तिबारा आयेंगे तो भ्रम होगा कि नहीं मरे हुए नहीं
यों ही वे आते-जाते रहेंगे
और तुम देखकर बार-बार यह दृश्य आपस में कहोगे
हम ऊब गये

एक ऊब और भुतही मुस्कान दोनों मिलकर
एक खुशी और एक बेफ़िक्री बनते हैं

आज के समाज का मानस यही है तुम कहते हो इस कविता में
बगैर यह जाने कि तुम कितना कम इस समाज को जानते हो
कितना कम जानते हो तुम उस डर के कारण को
आज की संस्कृति का जो मूल स्रोत है

और क्या जानते हो तुम अतीत को ?
तुम नहीं जानते तुम्हारे पुरखे कितने वर्ष हुए कहाँ-कहाँ थे
पीछे चलते हुए
तुम ठहर जाते हो सबसे समृद्ध और शक्तिवान
अपने किसी पूर्वज पर
उसके पीछे चलो
वह कैसे धनी हुआ किस बड़े अत्याचारी का गुमाश्ता बनकर
उनका भी बाप कहाँ रद्दी बीनता था
और किस-किसके सामने गिड़गिड़ाता था
तुम्हारा आदिपुरुष एक लावारिस बच्चे का दुत्कार से भरा
जीवन जीकर कैसे बड़ा हुआ

तुम्हें नहीं मालूम
तुम्हें नहीं मालूम कितना था वह धर्मात्मा
और उसके प्राणों ने किस तरह की यातनाएँ उठायी थीं

यात्रा में घर से निकलते ही एक सुख होता है
और शहर छोड़ते ही पश्चात्ताप एक
जिनको तुम पीछे छोड़ आये हो उनसे तुम्हारा व्यवहार उचित नहीं था
निर्दय था लोभी था
उनके साथ रहते हुए निजहित में लिप्त
और वे केवल छूट नहीं पाने की दुविधा में तुम्हारे साथ रहते थे
अब भी क्या मुक्त हैं तुम्हारे जाने पर वे ?
नहीं
जानते हैं कि लौटकर तुम फिर से
उसी रुग्ण रिश्ते को फिर से बनाओगे
कहते हैं कि हम बहुत बेचारे हैं
क्रोध इस घर में न करो
टूटे हुए बच्चों के सहारे क्रोध से टूट जाते हैं
समय ही करेगा दुःख दूर यों कहते हो
आनेवाला समय कितने अन्यायों के बोझ से लदा हुआ
इस दुःख को काटेगा
अन्याय के शिकार के लिए मन में समाज के जगह नहीं होगी तो

एक घनी नफ़रत और साधारण लोगों से बदले की भावना
इन तमाम बूचे उटंगे मकानों को बनाती चली जाती है
यह संस्कृति इसी तरह के शहर गढ़ेगी
हम उपन्यास में बात मानव की करेंगे
और कभी बता नहीं पायेंगे
सूखी टाँगें घसीटकर खम्भे के पास में आकर बैठे हुए
लड़के के सामने पड़े हुए तसले का अर्थ

हम लिखते हैं कि
उसकी स्मृतियों में फ़िलहाल एक चीख़ और गिड़गिड़ाहट की
हिंसा है
उसकी आँखों में कल की छीनाझपटी और भागमभाग का
पैबन्द इतिहास
उसके भीतर शब्दरहित भय और जख़्मी आग है

यह तो हम लिखते हैं पर उस व्यक्ति में हैं जो शब्द वे हम
जानते नहीं
जो शब्द हम जानते हैं उसकी अभिव्यक्ति नहीं विज्ञापन हमारा है
कितनी ईमानदारी से देखती है
वह लड़की दर्पण
वह लड़की जो बहुत सुन्दर नहीं है पर कुछ उसमें सुन्दर है
कौन पहचानेगा कि आख़िर वह क्या है जो सुन्दर है ?
वह ख़ुद
वह ख़ुद शीशे में जो पढ़ेगी वही सही होगा
नहीं तो और जो होगा
वह किसी बड़े राष्ट्र द्वारा
आदिवासियों में पायी जानेवाली किसी विचित्रता का होवेगा आविष्कार

दुनिया ऐसे दौर से गुज़र रही है जिसमें
हर नया शासक पुराने के पापों को आदर्श मानता
और जन वंचित जन जो कुछ भी करते हैं कामधाम रागरंग
वह ऐसे शासक के विरुद्ध ही होता है
यह संस्कृति उसको पोसती है जो सत्य से विरक्त है
देह से सशक्त और दानशील धीर है
भड़ककर एक बार जो उग्र हो उसे तुरन्त मार देती है

अपने-अपने कस्बों का नाम न लेकर वे लखनऊ का नाम लेते हैं
जहाँ वे नौकरी करने आये थे
जैसे वहीं पैदा हुए और बड़े हुए हों
क्योंकि वह किसी क़दर आधुनिक बनना है
और फिर दिल्ली उन्हें समोकर अथाह में आधुनिक होने
की फ़िक्र मिटा देती है

दूर के नगर से पत्र आया है
लिखा है कि गुड्डन की माँ का स्वर्गवास हो गया है
नहीं लिखा यह कि बीस वर्ष से विधवा थी वह
उसके बीस वर्ष कोई नहीं लिखता क्योंकि एक साथ बीस वर्ष
हैं अब वे

भाषा की बधिया हमेशा वक़्त के सामने बैठ जाती है

छुओ पोस्टकार्ड को उसमें दो टूक सन्दर्भहीन समाचार फिर पढ़ो
और कोशिश करो कि उस नगर के अकाल का कोई अतापता
लिपि से ही मिल जाये
नहीं वह सुथरी है साफ़ है सधी है अजब से तरीके से
लिखनेवाला मानो मर चुका था बच रहा था केवल धीरज
देखो अपने बच्चों के दुःख को देखो
जब उनकी देह में तुम देखते होगे अपने को देखना
वही मुद्राएँ जो तुम्हारी हैं बार-बार उन पर आ जाती हैं
हड्डियाँ जिससे वे बने हैं—एक परिवार की
और बचपन के गुदगुदे हाथ की हलकी-सी झलक भी

नाच गाना और भोग-विलास
फुरसती वर्ग के लड़के लड़कियों के शगल बनते हैं
फिर इनका रोब घट जाता है और ये समाज में वहीं कहीं पैठ जाते हैं
बिखराव बरबादी और हिंसा बनकर

एक बहुत बड़े षड्यन्त्र के बीच में अपने घर में रहनेवालों से
रिश्ते बनाओ
और सुधारो
घर में रह सकते नहीं हो मगर सारा दिन
कुछ दुःख बाहर से ले आयेंगे तुम्हारे घर उस घर के लोग
और लोगों को भी बार-बार घर से बाहर जाना होगा

शिक्षा विभाग ने कुछ दिन पहले ही घोषित किया है
छात्रवृत्ति के लिए अर्हता में यह भी शामिल हो
कि छात्र के पिता की हत्या हो गयी है

सावधान, अपनी हत्या का उसे एकमात्र साक्षी मत बनने दो
एकमात्र साक्षी जो होगा वह जल्दी ही मार दिया जायेगा।

[-नवम्बर '80]

नशे में दया

मैं नशे में धुत था आधी रात के सुनसान में
एक कविता बोलता जाता था अपनी जान में

कुछ मिनट पहले किये थे बिल पे मैंने दस्तख़त
ख़ानसामा सोचता होगा कि यह सब है मुफ़्त

तुम जो चाहो खा लो पी लो और यह सिगरेट लो
सुनके मुझको देखता था वह कि अपने पेट को ?

फिर कहा रख करके सिगरेट जेब में मेरे लिए
आज पी लूँगा इसे पर कल तो बीड़ी चाहिए

एक बण्डल साठ पैसे का बहुत चल जाएगा
उसकी ठण्डी नज़र कहती थी कि कल कल आएगा

होश खो बैठे हो तुम कल की ख़बर तुमको नहीं
तुम जहाँ हो दरअसल उस जगह पर तुम हो नहीं

कितने बच्चे हैं ? कहाँ के हो ? यहाँ घर है कहाँ ?
चार हैं, बिजनौर का हूँ, घर है मसजिद में मियाँ
कोरमा जो लिख दिया मैंने तुम्हारे वास्ते
ख़ुद वो खा लोगे कि ले जाओगे घर के वास्ते ?

सुन के वह चुप हो गया और मुझको यह अच्छा लगा
लड़खड़ाकर मैं उठा और भाव यह मन में जगा

एक चटोरे को नहीं उस पर तरस खाने का हक़
उफ़ नशा कितना बड़ा सिखला गया मुझको सबक़

घर पे जाकर लिखके रख लूँगा जो मुझमें हो गया
सोचकर मैं घर तो पहुँचा पर पहुँचकर सो गया

उठके वह कविता न आयी अक़्ल पर आयी ज़रूर
उसको कितना होश था और मुझको था कितना सरूर।

[30.10.81]

मेरा घर

मेरी कविता में माँ
मेरी कविता में बीवी-बच्चे
मेरी कविता में गौरैया बसन्त की
धूप और पानी के संस्मरण
सब वहीं रह गये
और मैं चल दिया
इनकी स्मृतियाँ रह गयीं
वहीं मेरे घर

जाओ जिसे यात्रा में दो दिन
पड़ाव हो
या तो माँ मिलेगी
या उसकी याद में
धूप में खिला फूल

मेरे घर रह जाना।

उम्र

जब तुम बच्ची थीं तो मैं तुम्हें
रोते हुए देख नहीं सकता था
अब तुम रोती हो तो देखता हूँ मैं।

हिंसा

धर्माधिराज हल्के-हल्के मुस्काते थे
वह सोच रहे थे होकर मेरे वशीभूत
ये सभी जगह से ठुकराए भारत सपूत
मेरी निश्चलता से हो जायेंगे परास्त

वह बैठे चरखा कात रहे थे कान दिये
कब कहाँ कौन-सा शब्द सुन पड़े अकस्मात
जिससे मैं फ़ौरन पैदा कर लूँ एक बात
उस नौजवान की व्याकुलता को तोड़-मोड़

वह सुनकर आलोचना नहीं दिखते कठोर
जो उनके भीतर कौंध रहा है बार-बार
वह ज्ञान नहीं है हिंसा का है वह विचार
पर बोलेंगे मानो वह जीवन को निचोड़

देखो वह बोल रहे हैं कितनी बड़ी बात
कहते हैं बदल रहा है भारत का समाज
वह बदलेगा चाहे कोई कुछ करे आज
चाहे न करे इसलिए आप निश्चिन्त रहें

वह तुले हुए हैं व्याकुलता की हत्या पर
'हर प्रश्न बन गया है व्यापक उलझा-पुलझा
निरपेक्ष दृष्टि से देखो तो सब है सुलझा'
सुनकर हताश नवयुवक उठ गये दिशाहीन

यह वृद्ध-युवक संवाद हो चुका बार-बार
व्याकुलता युवजन की न मरी वह दुर्निवार
पर गाँधी के शिष्यों ने फिर-फिर कर प्रहार
हिंसा का निश्चित किया देश-भर में प्रचार।

निमंत्रण

कुछ निमंत्रण जिनमें पहुँचा नहीं
उनके चिकने कागज के पीछे मैं लिखूँगा
कि अब मैं चाहता क्या हूँ

दूर उस घर में कितनी भली
हँसी वह खुशी की है
हँसो और खुश रहो
मुझे पड़ा रहने दो यहीं दूर
जीना चाहता नहीं

क्या यह कह रहा हूँ कि मैं जीना नहीं चाहता ?
ठहरो यह अनिश्चित था
क्यों मैंने कह डाला
जब तक तय न हो क्या चाहता हूँ मैं
कोई पढ़े नहीं
और पढ़े तो उधर छपा निमंत्रण पत्र ही पढ़े
जहाँ मैं गया नहीं।

कविता

कविता तभी होती है जब विषय से दूर वस्तु के
निकट होती है
कविता अकेला करती है
और जब हम बहुत तरह के अन्य काम करते हैं तो

उनसे कविता में बाधा इसलिए नहीं पड़ती
कि वे दूसरे प्रकार के काम हैं
बल्कि इसलिए कि वे हमेशा हमें बाध्य करते हैं
कि हम दूसरों के साथ काम करें
जबकि कविता अकेले ही काम करने का तकाजा करती है।

आख़िरी वक्त

मैंने सब पुराने कपड़े हटा दिए
जो कि रखे थे कि शायद फिर गरीबी आ जाएगी
उनकी जगह नए कपड़े हो जाएँ यह चाहा
वह इच्छा आख़िरी वक्त की इच्छा लगने लगी।

बेचारा वक्ता

उसकी हर बात व्यवस्था से बँधी है
इससे उम्मीद है कि बहुत दिन जियेगा
इस वक़्त वह बोल रहा है लगातार एकरस
यही वक़्त है कि अपनी वह कविता लिखो
जो हल्के से कहीं मिली थी

तुम जल्दी में थे और उसे फिर के लिए रखकर चले गये थे
वह फिर आ गया है इस आक्रामक सभ्यता में दरार दिखते ही
और वह निश्चिन्त मोटा ताज़ा नाटा-सा आदमी जो दिख रहा है

उसकी भूमिका कौन रंगमंच में कर सकेगा सोचो
यदि कविता नहीं लिखो
और भाषण मत सुनो

जब वह बोलकर बैठा कवि ने कविता पढ़ी
सब सुनकर स्तब्ध हुए और अन्तिम पंक्ति पर वह हँसा
चाभी खुल गयी हो इस तरह

इस भ्रम में मत रहो कि वह ग़लत समझा है
उसके तनावों को समझो—वह हर बार धाराप्रवाह भाषा से मुक्त
होता है।

दयाशंकर

इस बड़े शहर में कई नागरिक रहते हैं
उनमें से एक दयाशंकर कहलाता है
वह नक़लनवीसी करके एक कचहरी में
तनख़्वाह एक सौ दस रुपये घर लाता है

उसका घर एक कोठरी एक बरम्दा है
उसमें बीवी औ' पाँचों बच्चे रहते हैं
वह भी रहता है रहता क्या है कोने में
बैठा अक्सर बेमतलब सर खुजलाता है

बच्चों को दोनों वक़्त दाल-रोटी देकर
सर झुका दयाशंकर की बीवी कहती है
तुम भी खा लो थाली को वहीं फर्श पर रख
वह बड़े नेम से हर लुकमा चबलाता है

बच्चे छोटे हैं इतने छोटे मगर नहीं
किससे मिलकर रहना चाहिए डरकर किससे
वे ख़ूब समझते हैं कब क्या कहना चाहिए
हाँ बच्चा है तो वह है जो तुतलाता है

उस रोज़ रात को बिस्तर पर कुछ शरमाकर
मुंशी की बीवी ने मुंशी से कहा सुनो
मेरा मन पूआ खाने को जब करता है
तब मुझको यह होना मुश्किल दिखलाता है
यह बात दयाशंकर ने दुःख के साथ सुनी
वह सात जनों के लिए कहाँ पूआ लाते
वह चुप होकरके लेट रहे इसलिए कि वह
माने बैठे थे पूआ पति घर लाता है

तब ज़रा देर कर इन्तज़ार बीवी बोली
उठ पड़ो अभी हम लोग पका खायें पूआ
बच्चे सोते हैं मीठी नींद झगड़ करके
बस जो तुतला है कभी-कभी अकुलाता है

वह उठी अरे वह कितनी सुन्दर लगती थी
दुबली कोई आवाज़ न होने दी उसने
ऐसे चुपचाप पकाये उसने चार पुए
जैसे पूआ ही मधुर मिलन कहलाता है

दोनों अपने-अपने हिस्से के पूए ले
जैसे थे जहाँ वहाँ पर बैठे खाते हैं
इतने में सब बच्चे एकदम से जगते हैं
उठ पड़ते हैं मुसकाते हैं सो जाते हैं।

बचपन

खुशियों की एक दुनिया एक घड़ी की तरह जी रही है
बेबस ज़िन्दगी में टिक-टिक है
हम सब पचास के हो गये एक-दूसरे का मुँह ताकते खड़े हैं
हम बचे हुए हैं और इस पर हमें गर्व है कि
कोई डर नहीं है
जिससे डर था उससे दोस्ती कर ली है
लोग देखते हैं कितना सुरक्षित है
और सड़क पर एक हथियारबन्द के हाथों लुटते हुए
मुँह से आवाज़ नहीं निकलती
क्योंकि वह कह चुका है कि कोई सुनेगा नहीं

मैं उन गलियों से फिर एक बार जाना चाहता हूँ
जो मेरे घर के पीछे के इलाक़े में रची थीं
वे बत्तख़ें वे टाट के परदे लोना लगी दीवालें
और एक विचित्र-सा अनुभव कि रास्ते कई तरफ़
से आकर जाकर मेरा मोहल्ला बन गये हैं
जो बचपन में कई बार कई तरफ़ से घर
पहुँचने पर होता था।

फ़ायदा

इतिहास की व्याख्या करता हूँ
हमदर्द सुनते हैं और अपनी उन्नति की सोचते रहते हैं
उस समय
उन्हें मतलब नहीं कि वक़्त ने समाज के साथ क्या किया है

वे जानना चाहते हैं कि वक़्त ने जो हालत की है समाज की
उसमें वे सबसे ज़्यादा क्या पा सकते हैं।

चिथड़ा-चिथड़ा मैं

अब देखो बाज़ार में एक ढेर है चिथड़ों का
और एक मैं हूँ कि जिसके चिथड़े सब एक जगह नहीं हैं
वे मेरी धज्जियाँ कहाँ गईं
खोजकर लाओ उन्हें
सिरहाने रात को रख जिनको सोया था
उन कागजों में से

मैं चिथड़े चिथड़े हो गया हूँ
यही मेरी पहचान है
—चिथड़ा चिथड़ा मैं
मैं जानता हूँ कि मैं एक हूँ एक अदद
पर मैं उन चिथड़ों को देखना चाहूँगा

उनको जमा करो
—अरे कुछ मेरे हैं
और कुछ मेरे नहीं
वे मेरी धज्जियाँ नहीं हैं
—पैबंद थे

लोग शान-शौकत दिखाते हैं
दुनिया भर के चिथड़े जोड़कर
मुझको बस इतने ही चाहिए
खुला रहे बदन जिन्हें ओढ़कर।

अरे अब ऐसी कविता लिखो

अरे अब ऐसी कविता लिखो
कि जिसमें छंद घूमकर आय
घुमड़ता जाय देह में दर्द
कहीं पर एक बार ठहराय

कि जिसमें एक प्रतिज्ञा करूँ
वही दो बार शब्द बन जाय
बताऊँ बार-बार वह अर्थ
न भाषा अपने को दोहराय

अरे अब ऐसी कविता लिखो
कि कोई मूड़ नहीं मटकाय
न कोई पुलक-पुलक रह जाय
न कोई बेमतलब अकुलाय

छन्द से जोड़ो अपना आप
कि कवि की व्यथा हृदय सह जाय
थामकर हँसना-रोना आज
उदासी होनी की कह जाय।

हिन्दी

हम लड़ रहे थे
समाज को बदलने के लिए एक भाषा का युद्ध

पर हिन्दी का प्रश्न अब हिन्दी का प्रश्न नहीं रह गया
हम हार चुके हैं

अच्छे सैनिक
अपनी हार पहचान
अब वह सवाल जिसे भाषा की लड़ाई हम कहते थे
इस तरह पूछ :
हम सब जिनके ख़ातिर लड़ते थे
क्या हम वही थे ?
या उनके विरोधियों के हम दलाल थे
—सहृदय उपकारी शिक्षित दलाल ?

आज़ादी के मालिक जो हैं गुलाम हैं
उनके गुलाम हैं जो वे आज़ाद नहीं

हिन्दी है मालिक की
तब आज़ादी के लिए लड़ने की भाषा फिर क्या होगी ?

हिन्दी की माँग
अब दलालों की अपने दास-मालिकों से
एक माँग है
बेहतर बर्ताव की
अधिकार की नहीं

वे हिन्दी का प्रयोग अंग्रेज़ी की जगह
करते हैं
जबकि तथ्य यह है कि अंग्रेज़ी का प्रयोग
उनके मालिक हिन्दी की जगह करते हैं
दोनों में यह रिश्ता तय हो गया है

जो इस पाखण्ड को मिटायेगा
हिन्दी की दासता मिटायेगा
वह जन वही होगा जो हिन्दी बोलकर
रख देगा हिरदै निरक्षर का खोलकर।

पहले आप

'पहले आप' की संस्कृति—
इसलिए कि अपनों में मुठभेड़ें कम हों
इसलिए कि निर्बल इसके बाद अपना हक़ छोड़ दें

देख लो ग़रीब मरीज़ खड़े डरता है
कि कुछ सजेधजे लोग
डागदर के कमरे में पहले घुस ये

वे मानो कीच के समुद्र में
अपने अधिकार के लिए आते और जाते हैं
रोग और पैसा हो तो पहले मैं होगा
और फिर मैं।

व्यावहारिक लोग

एक दिन घर लौटा
हाथ में किताब थी
और फूलगोभी थी

वाह, कविता मिली

आजकल किताब फूलगोभी-सी नरम है
और फूलगोभी है आजकल की किताब-सी नीरस

तुरत एक सुंदरी से कहा जा करके
देखिए अदलबदल लीजिए आप इन दोनों को
वह नहीं समझी

लोग बहुत व्यावहारिक हो गये हैं ...
कोई ऊलजलूल नहीं बोलते
एक मुनाफ़ाख़ोर सभ्यता में मज़ाक की जगह नहीं रह गयी
(मनोरंजन की है जो नफ़रत से पैदा हो)

कोई चीज़ अपनी जगह से मत सरकाओ
व्यापारी व्यवस्था को उसकी ज़रूरत है
फूलगोभी पढ़ने औ' किताब खाने से लाभ क्या होगा ?

एक रात नागा

न सही आज रात को कविता
काग़ज़ पेंसिल सिरहाने रख सोने की आदत में
आज एक नागा हो रहा है
और भी अकेला हो रहा हूँ मैं और अपने में पूरा।

स्वच्छन्द लेखक

लोग भूल जाते हैं
दहशत जो लिख गया
कोई किताब में

लोग भूल जाते हैं
झेली थी यातना
जो अपने आप में

अत्याचारी का मुँह
लोग भूल जाते हैं
उसके मुस्काने पर

याद रह जाता है
तब कैसे हँसते थे
बच्चे घर आने पर

पाँच बरस बहुत बरस
होते हैं एक गुलाम
औ' ग़रीब देश में

इतने में गया हुआ
वक्त लौट आता है
एक नये वेश में

हत्या कमज़ोर की
सीधे-सीधे हत्या
गाँव-गाँव होती है

कोई रोता नहीं
हाँ, मारी नहीं गयी
तो विधवा रोती है

पढ़े-लिखे लोगों का
जब दिल बहलाता है
ख़ून किसी और का

करता है आक्रमण
निरक्षर निहत्थे पर
दमन नये दौर का

आज मौन देख रहे हैं
जाता है शासक
हिंसा के रास्ते

कल तक जो व्याकुल थे
सिर्फ़ बोलने की आज़ादी
के वास्ते

सूखी मिट्टी पर वे
भूखों के दावों को
वाणी नहीं देते

देते हैं हथियार
शासक ग़रीबों को
पानी नहीं देते

दोनों मिलकर के यों
नया दमन चक्र यह
प्रेम से चलाते हैं

जो मारा गया है
उसके भी बोली थी
लोग भूल जाते हैं

वह बोली कहाँ गयी ?
उस पर बन्दूक ने
लगाया प्रतिबन्ध है

कलम लिये बैठा है
शब्दों की खोज में
लेखक स्वच्छन्द है।

आज़ादी

चारों दिशाओं से चारों दिशाओं में
उजड़े घर छोड़कर
दूसरे उजाड़ों में लोग जा रहे हैं
भूख और अपमान की ठोकरें खाकर

इतिहास, पीड़ा का इतिहास उनको बताता है
यह ज़मीन यहाँ से वहाँ तक जुड़ी है
वह उनका घर नहीं
उनके बच्चे ही उनका घर हैं

बहुत बड़े देश में बहुत से मनुष्यों की पीड़ाएँ
अगर उसे बड़ा नहीं करती हैं तो ज़मीन को
उसके हत्यारे छोटा कर देते हैं
बेचकर विदेश में भेजने के लिए

ये पहाड़, जंगल, मिट्टी के मैदान हरे

छोटे हो रहे हैं जो इतिहास में बड़े देश के प्रमाण थे
इनकी विशालता का कोई गुणगान अब सुन नहीं पड़ता
देश के बड़े देश होने का गौरव अब
व्यक्ति की विदेश में प्रतिष्ठा बढ़ाता है
देश में बर्बरता
हत्याएँ चीथड़े ख़ून और मैल आज भारतीय संस्कृति के मूल्य हैं
और दया करते हैं लोग यह मानकर कि कष्ट अनिवार्य है
दया के पात्र को :
लूट ने ज़मीन के अंदर तक मिट्टी को तोड़ दिया है
उसमें कहीं एक बीज था
उसे उठा लें अपने हाथ में
और वह मिट्टी भी :
हम अपना भूगोल ही भूल गये हैं
हर हत्या हमसे कुछ दूर हुई दिखती है
जब कि वह हमारे बहुत पास में हुई है
हत्याएँ याद रह जाती हैं लाशों के चेहरे नहीं याद रहते
उनकी ज़िन्दा तस्वीरें कम छपी थीं
वही बार-बार दीख पड़ता है रूपवान चेहरा जो
लाशों के पास अफसोस में खड़ा था
दिन ब दिन जानते जाते हैं हम वह हमारा चेहरा नहीं

आज यही कफ़नढके चेहरे हैं एक साथ रहने के
बचेखुचे कुछ प्रमाण और इन्हें जो याद रख नहीं सकते हैं
वे ही समाज पर राज कर रहे हैं
चेहरे के बिना लोग
कल किसी और बड़े देश के गुलाम हो जायेंगे।
हम अपने देश के उजाड़ों में खोजते रहेंगे अपना चेहरा
—आज़ादी !

आज की कविता

कविता कविता कविता
कविता पर कविताएँ
मैं आदिकाल से लिखता आया हूँ दोनों :
जैसे जैसे मैं और अरक्षित होता हूँ
रचना की यह प्रक्रिया बदलती जाती है।

तब, उसे बिना बतलाए कविता कैसे हो
जब भाषा कवि को लोगों से ही लेनी है।
वे लोग तो नहीं लिखते कविता भाषा में—
उनकी भाषा जो है, विचार दे जाती है।

मैं पूछ रहा हूँ इसीलिए यह बार-बार
वह दर्द कहाँ मर गया रोज़ जो होता था
जिससे वह एकाकी भी तड़पा करता था
वह बल, कविता ने पाठक से क्यों छीन लिया ?

यह दृष्टि सुंदरापे की कैसे बनी कि हर वह
चीज़ जो ख़बर देती है हो गयी ग़ैर ?
क्यों कलाकार को नहीं दिखाई देती अब
गंदगी, ग़रीबी और गुलामी से पैदा ?

आतंक कहाँ जा छिपा भागकर जीवन से
जो कविता की पीड़ा में अब दिख नहीं रहा ?
हत्यारों के क्या लेखक साझीदार हुए
जो कविता हम सबको लाचार बनाती है ?

[*दिसम्बर* '83]

मरघट

शानदार मौत थी
इसलिए कि कोई न भीड़ थी
न था रोना धोना
हम लोग एक बड़े ख़ाली खेत में गये
गाँव के सिमटने से बचा रह गया था जो
और एक हल्की-सी देह को फूँक आये।

"कहाँ है मरघट ?" जो पता दिया गया था
पूछता उसे चला रामजस स्कूल के पीछे
एक जगह दो लड़के बोले, "हाँ, रामजस ?
वहीं हम पढ़ते हैं—मरघट वहीं पर है ?"
—मुँह बाकर रह गया वह युवक—
यह तो पता ही न था !

फिर हम भटक गये
अंत में एक किसी से मिले
दोनों ने सुखमय आश्चर्य से पूछा—

"मरघट ? मरघट ? मैं वहीं जा रहा हूँ, चलिए"
यों रास्ता मिल गया।

दाह-संस्कार में बड़ी कार्रवाई थी
यह लाओ, वह लाओ, यहाँ धरो, वहाँ धरो,
सात मन लकड़ी, पुरानी, सूखी भारी
डब्बा भर एक वही दारा सिंह वाला घी
तीन हवन सामग्री के पाकिट, बस ख़तम।
जब चिता चुन गयी नियम के अनुसार
संपुंजन सुंदर था, शिल्प में रीतिमत
शव उससे ढँक गया।

तब मुखाग्नि दी गयी। तालियाँ बजी नहीं, कैमरे नहीं खड़के।
नीरव विनम्रता : सब जानते थे कि क्या कर्मकांड है
पर किसी पर कोई बंधन नहीं था सिवाय मौन रहने के।

वह थी तिहत्तर की
ऐसे ही हम भी थे
उस उम्र के जहाँ हर पुरुष समवयस्क लगता है—
"यह यहाँ वालों का 'लोकप्रिय' मरघट है"
कोई हिंदी बोला
श्री तनखा ने कहा, "हम जहाँ रहते हैं ज़्यादातर लोग मियाँ बीवी हैं,"
उम्र हो चली है, पूरी अवकाशप्राप्त लोगों की बस्ती है—
आज यह, कल वह, छह बरस में मैं इस मरघट में बीस बार आया हूँ।
इस तरह हमने उस बस्ती के इस निर्जन द्वीप का भूगोल पहचाना।

लौटकर नहाया, हलका हुआ,
मानो बड़ा काम कर आया हूँ :
देह में फुर्ती, दिमाग़ में रोशनी—

यह क्या एक मौत का करिश्मा है
मेरे स्वास्थ्य में सुधार ?
कमला ने कहा, "नहीं तुम पैदल चले थे,
भीतर से विह्वल हुए थे, उदास भी,
ठंड हो चली थी तब लाल-लाल लपटों को तापा था,
कुछ भारी लकड़ियाँ उठाई थीं
दस लोगों के साथ अनायास नम्र हो अपने जीवन की निस्सारता जानी थी
तभी लग रहा है कि रक्तचाप ठीक है।"

[9.12.84]

घिसी पेंसिल

फिर रात आ रही है
फिर वक़्त आ रहा है
जब नींद दु:ख दिन को
संपूर्ण कर चलेंगे
एकांत उपस्थित हो, 'सोने चलो' कहेगा
क्या चीज़ दे रही है यह शांति इस घड़ी में ?
एकांत या कि बिस्तर या फिर थकान मेरी ?
या एक मुड़े काग़ज़ पर एक घिसी पेंसिल
तकिये तले दबाकर जिसको कि सो गया हूँ ?

[12.12.84]

कैंसर

कैंसर से बहुत दिन बचे रह लेने का एक ही उपाय है
कि पता मत लगने दो कि तुम्हें कैंसर है, दूसरों को
और ख़ुद को भी, ख़ुद को ज़्यादा ज़रूरी है।
मगर जिन्हें डाक्टर बता देता है उन्हें यह भी बताता है
कि रोगी से मत कहो, रोगी की राजनीति यह है कि वह
समाज में अरक्षित है, मित्रों की राजनीति यह है कि
मरता है उसे मारने में विजय है। इसलिए जो रोगी का कैंसर
जानते हैं उन्हें पतनशील जाति में संवाद की
आक्रामक सभ्यता में नियत अमानुषिक सम्बन्ध की
रक्षा करनी है, रोगी की नहीं। वे बताते हैं कि रोगी को
कैंसर है मगर उसे यह ख़बर बचने के लिए नहीं देते हैं;
सबको बताते हैं जो अनेक रूप से रोगी को मारने को वचनबद्ध
हैं और एक सूचना कैंसर उपचार के विकसित उपायों की
हमको दे जाते हैं—उनको जिनका अभी कैंसर
अघोषित है।

[1989]

मेरी बेटी

दुबली थकी हारी एक छोकरी काम पर जाती थी
दूर से मैंने उसे आते हुए देखा

पर जितनी देर में मैंने पहचाना वह मेरी ही बेटी थी
उतनी ही देर में कितनी बदल गयी।

बहस

हँसते मुस्कुराते वे हमें घेर लेते हैं और किसी बात पर तीखे सवाल कर ऐसा जताते हैं जैसे वे हमसे विरोध नहीं सहमति कर रहे हों : हम अपना पक्ष पुष्ट करने के वास्ते उतना ही तीखा जवाब दे देते हैं जैसा कि प्रश्न का तक़ाज़ा था। ठीक उसी वक़्त वे बदलकर बहस शुरू करते हैं जैसे यह झगड़ा हमने शुरू किया। अगले दिन हँसने की बात को भटकाकर हँसते हैं और कह देते हैं कि आप जिस बात पर हँसते हैं वह कोई आपकी पसंद है, हमसे क्या। इस तरह वह ज़ाहिर करते हैं बहस एक चीज़ है पहले से सहमति के बिना जिसे किया नहीं जा सकता।

औरतें

हाथ बालों पर नहीं जिनके कभी फेरा गया
बैठकर दो चार के सँग
तजुर्बे अपने सुनाने का नहीं मौक़ा मिला,
औरतें वे सूखकर रह गयीं :
उनकी बच्चियों ने जवाँ होकर दादियों की
काठियाँ पाईं।

[*दिसम्बर '84*]

कविता के नक़्शे में एक चाल

कैसे लोग होते हैं जो अपने ख़र्च के
और पावने के सब काग़ज़ सहेजकर रख लिया
करते हैं कविता की परचियों के समेत।

वे तब चिंताओं के हल की बनाते हैं योजना
और याद रखते हैं कि एक एक चाल उसी कविता के नक़्शे में।
हर एक हत्या में, पक्ष किसका लेंगे
तय किया करते हैं उस समय
जब कि हत्यारे को पहचान लेते हैं।

वे हर ज़माने में सफल व्यक्ति होते हैं
जो कि पक्ष लेने से पहले तय करते हैं किसको
हत्यारा बताने में लाभ है
यह उन्हें किसी समय तय करना पड़ता है
सिर्फ़ देख लेते हैं कि क़ानून किस समय
सबसे कमज़ोर है
उसी समय मिलकर चिल्लाते हैं चोर चोर।

[7.8.87]

फूट

हिंदू और सिख में
बंगाली असमिया में
पिछड़े और अगड़े में :

पर इनसे बड़ी फूट
जो मारा जा रहा और जो बचा हुआ
उन दोनों में है।

[*दिसम्बर* '84]

चिड़ियों का चिल्लाना

सुबह-सुबह बुलबुल की कोयल की बोलियाँ
आदतन हमको सुन पड़ती हैं, होती वे नहीं हैं।
दो चिड़ियाँ यहाँ, जब दिन चढ़ आता है
रोज़-रोज़ छज्जे पर बमचख़ मचाती हैं
क्योंकि वे तिलौरी हैं; कर्कश आवाज़ है—
ये मेरे घर को साधारण-सा करती हैं :
मैं कैसे जानूँ क्यों दूसरी तिलौरी से
हर दिन किस बात पर तिलौरी झगड़ती है—
मैंने तो एक नया अनुभव पहचाना है,
कुछ सच्चा लगता चिड़ियों का चिल्लाना है।

जब मर के गया मैं बाहर

जब मर के गया मैं बाहर
तब याद मुझे आया घर।

अब भी वे झगड़ते होंगे
हगनी मुतनी बातों पर,
माँ अब भी दिलाती होगी
क्या मेरे मरने का डर ?
मैं कहता था ये दुश्मन
मेरे पीछे पड़े हुए हैं।
तुम लोग भी मेरे दुश्मन !
वे लोग भी मेरे दुश्मन !
अब कैसे समझ सकेंगे ?
दुश्मन का था क्या मतलब ?
मेरे हर वाक़िफ़ के आगे
वे हाथ पसारेंगे जब।

[*अप्रैल* '89]

बेसुरे लोग

मैं जहाँ रहता हूँ, हिंदू और मुसलमान
दोनों बेसुरे हैं। भजन और कीर्तन
करते हैं, ढोलक और चिमटे की
ढक ढक सुन पड़ती है,
भजन के शब्द नहीं। अज़ान दी जाती है

हरयाणवी लोकगीत सुन पड़ता है।
दोनों समाज कर्मकांड का उच्चारण
भूल गये। उनकी पकड़ में चिल्लाहट आती है।

एकांत

किसी एक व्यक्ति से उसके एकांत में कोई ईमानदार बात सुनने की
आशा भी करो तो अकेला नहीं मिलता है।
उसके साथ मिलते हैं बैठक में जमे लोग
जो कहीं न कहीं एक गुप्त संस्था के सदस्य हैं,
यह सन पचहत्तर के जैसा माहौल है
हर जगह खुफ़िया विभाग है
फ़र्क़ बस यह है कि सरकार का नहीं।

सच, सच बताने से कोई समझता नहीं
जब तक कि उसमें कहीं थोड़ी मिलावट न हो
बचपन के साथी उस मिलावट के अनुसार
संवाद करते हैं।

यह जीवन यात्रा रहस्यमयी चीज़ है—
इसमें पहुँचना इस बात पर निर्भर है
कि कौन कहाँ कैसे रस्ते से कतरा गया।

दयावती का कुनबा

अब इस घर में पुरुष कोई नहीं रह गया।

यह एक लंबी कहानी है
वहाँ से शुरू करें ?
जब इस सदी के आरंभ में
दयावती घर से विदा हुई,
हर पुत्री का अपना भाग्य है
मानकर पिता ने वर ले दिया;
बोझ मिटा बाप का
जिसको संसार में कितने ही मोर्चे लड़ने थे—
दयावती को उससे ज़्यादा लड़ने पड़े।
तब से शुरू हुई दयावती की कथा

इच्छाएँ दाबकर बदलकर स्वभाव को
जैसे ससुराल में पसंद था
रोगों को झेलकर, दिखलाकर सगुन
चार बच्चे पैदा किये।
कहा नहीं जा सकता क्यों पहले बेटे की
बीवी ने तीन लड़कियाँ जनीं
पर उसका आदमी पेट का मरीज़ था
और बहुत चाय और सिगरेट पीते हुए
अपनी मामूली तनख़्वाह की शर्म से
मुक्त रहा करता था।

प्राकृतिक इलाज इस ग़रीबी में असंभव था—
महँगी दवाओं के विष से वह मर गया;
विधवा कई बरस घुटकर धुएँ में रसोई के चल बसी।
दयावती को लगा कि घटनाएँ तेज़ी से घटती हैं
जैसे कि पोतियाँ हो रही हैं बड़ी।
दूसरे बेटे ने धौंस बड़े बाबू की सही,
कामचोरों की एवज़ी करता
सिर झुका इलाज के बग़ैर ही गुज़र गया।
तीसरा शादी के पहले ही
घर से असंतुष्ट था—
बीवी से बहस की और ज़हर खा लिया

यह सब संक्षेप में मैंने बताया है
क्योंकि दयावती की कहानी बहुत लंबी है—
एक साल पति की सुश्रूषा करते हुए
कई बरस कम पढ़ी औरत के
सीने पिरोने की मेहनत मजूरी के—
लड़की को रोज़ी कमाने के लायक़ बनाने के—
इसमें दामाद खोजने को भी जोड़ लें
तो अंतिम साँस तक घिसटती दयावती
दोनों विधवाओं को छोड़ गुज़र जाती है
पोतियों की ख़बर हमको पता नहीं
वे अपनी दादी की तरह कहाँ
बोझ कम करने के लिए विदा होती हैं।

शोकसभा

शोक़सभा को जाता था मैं लपका-लपका

बार-बार अजनबी राह में पड़ जाते थे
एक सीध में चलते-चलते ठीक सामने
ठिठक वहीं से मुड़ जाते थे
नहीं जानते थे यह हमें कहाँ जाना है
दफ़्तर से छूटे थे वे बोझा लेकर के
कुछ हलका होना था घर जाने के पहले।
देखो, मैंने कहा एक से
शोकसभा हो रही वहाँ है
वहाँ पेड़ के नीचे, क्या तुम नहीं जानते ?

सब चेहरे जाने-पहचाने
बंद गले के कोट, दुपट्टे
डाले हुए वहाँ बैठे थे
देते हुए ख़बर सबको अपने होने की,
मनपसंद दूरी पर अपने
परे, दिवंगत को सरकाते,
कहीं छिपे कैमरे के लिए
अपना चेहरा आप घुमाते

अटकी हुई सुई को जैसे बार-बार आगे खिसकाते
एक एक कर वक्ता बोले
वर्तमान में जगह बना दी
श्रद्धांजलि ने जहाँ हमारी
बिना बताये उसी जगह पर
शोकसभा भी ख़त्म हो गयी।

रोग के बाद

अब चंगे होने पर हँसने का मन लौट आया है
पर लंबे रोग में शरीर खो चुका है
हँसी रोकने पर वश।

[12.12.84]

जब उसको गोली मारी गयी

जब उसको गोली मारी गयी
फ़ोटो से जाना क्या पकता था चूल्हे पर
बेटे ने बैठकर अपना मुँह दिखलाया
लाश का ढँका था मुँह।

[12.12.84]

समाधि लेख

आज महाकवि की कविताएँ
छाप रहे हैं महाप्रकाशक।

अलग-अलग विषयों पर ये
कविताएँ छह खण्डों में होंगी
एक साथ सब ग्रंथ मँगायेंगे
तो बहुत रियायत देंगे

पाठकगण संदेह मत करें
कविता इसी तरह बिकती है
कुछ कवि लिखते भी ऐसे हैं
कुछ को हम यों कर देते हैं।

एक साथ संपूर्ण महाकवि
कोई पढ़ता नहीं, पढ़े तो
उसमें कुछ चटपटा नहीं रह
जाता, बस बचता विषाद है।
एक साथ ही अगर चाहिए
तो वह भी हमने छापा है
लिखा महालोचक ने कवि पर
पूरे का सारांश दे दिया
उस पर अपना भाष्य किया है
ब्योरे का कुछ काम ही नहीं।
"मेरी कविता में ऊषा के
भीतर मेरी मृत्यु भी लिखी
चिड़िया के भीतर है मेरी
राष्ट्र भावना, बच्चों में दुःख।
माना सब कुछ गबड़सबड़ है
पर मैंने यों ही देखा था,

नारी चिड़िया देश जागरण
बच्चा प्रकृति दुःख वासना
अलग-अलग डिब्बों में मेरी
पीड़ाएँ मत बंद कीजिए

जिन्हें एक में मिला-जुलाकर
मैंने की थी ये रचनाएँ।"

यह कहने आ नहीं सकेंगे
चले गए हैं स्वर्ग महाकवि
बचे रहे हैं कुशल मूर्त्तियों
और मकबरों के निर्माता।

खोज ख़बर

अनजाने व्यक्ति ने जान पर खेलकर
लोगों के सामने चेहरा दिखला दिया
जिसने आवाज़ दी हत्यारा वह है—जाने न पाये वह
उसे अब छिपा दिया गया है
वह अपनी एकाकी गरिमा में प्रकट हुआ एक मिनट के लिए
प्रकट हुआ और फिर हम सबसे अलग कर दिया गया
अपराध संगठित, राजनीति संगठित, दमनतंत्र संगठित
केवल अपराध के विरुद्ध जो कि बोला था अकेला है
उससे कहा है कि हमसे संपर्क करे, गुप्त रहे
हमें उसे पुरस्कार देना है और पुरस्कार को गुप्त नहीं रखेंगे।

मुझसे कहा है कि मृत्यु की ख़बर लिखो :
मुर्दे के घर नहीं जाओ, मरघट जाओ
लाश को भुगताने के नियम, ख़र्च और कुप्रबंध

—खोज ख़बर लिख लाओ :
यह तुमने क्या लिखा—"झुर्रियाँ, उनके भीतर छिपे उनके प्रकट
होने के आसार,
—आँखों में उदासी-सी एक चीज़ दिखती है—"
यह तुमने मरने के पहले का वृत्तांत क्यों लिखा ?

[27.4.89]

लेखाजोखा

यह जो यहाँ वहाँ छपी कतरनें बटोरकर
तुमने बताया कि जीवन-भर का किया काम है
वास्तव में है नहीं।

क्योंकि तुम्हें कोई कतरनें मिली नहीं होंगी उनकी
जो बिना कहीं छपे हुए रहती हैं कविताएँ क्योंकि वे
लिखी नहीं जाती हैं आधी से अधिक कभी। इनका
अंतिम सिरा कहाँ छिपा होता है उनके आरंभ के
मध्य में, कोई जानता नहीं जब तक काग़ज़ पर उनको खींचा न जाय
—मगर इस शर्त पर
कि तनने से टूटकर बिखरने के पहले वे अपने धुएँ में
बिला न जायँ—और फिर यह धुआँ आँकते हुए हम कुछ
ऐसा न देखें कि लिखने को कुछ न हो—बशर्ते कि
जो हो
वह शब्दों की प्यास से तड़प दम न तोड़ दे।

यात्राएँ

कोई कभी भोर
ताज़गी की नवीन परिभाषा लाती है
साहित्य के बग़ैर।
ज़रा देर जूझकर मेरे इस विस्मय से
दिन की प्रभा में खो जाती है।
कभी-कभी पैदल घिसटने की, ख़ाली हाथ लौटने
की यादें, दमकते चेहरों पर खिलती मुस्कानों की यादों में
यों घुलमिल जाती हैं
कि जीवन के काल का विभाजन ही रचना हो जाता है।
पर्वत की दो यात्रा-स्मृतियों का आपस में गुँथ जाना
और अनायास कहीं ऐसे पहुँचना कि पता नहीं हम आगे आये
या लौटे हैं, प्रातः के पहले या बीच का जब समय पता न हो
किंतु बहुत बीते क्षण पहचाने जाते हों;
तब मैं फिर एक बार यही समझ पाता हूँ
कि यात्राएँ अब भी हो सकती हैं
इसी व्यर्थ जीवन में।

रात को जागकर

रात को जागकर मैंने अपना घर देखा
सारी रात बैठा मैं देखता रहा :
यह घर एक जीती-जागती कहानी है।

मुझे इतनी अच्छी तरह कभी न दिखी थी दिन में
वह सो रही थी :
कई बरस रोग से जूझने की कुल दास्तान
उसके चेहरे पर थी
रोज़-रोज़ जितना वह बता पाती है
वह कितना अधूरा होता है

वह सोते हुए उठा और थरथराता हुआ चलने लगा
जाकर कुर्सी पर बैठ रहा सोता रहा
धीरे-धीरे ठंड बढ़ी रातरानी की महक घर-भर में
भर गई
सब चीज़ें जहाँ-जहाँ जड़ पड़ी थीं वहीं लगातार
पड़ी रहीं : सुस्ताती हुई
रोशनी मुझे नहीं चाहिए थी एक कोने के सिवा
वहीं पर वह मैंने रखी
तमाम घर में दिन के उजालेपन के सस्तेपन से वह
कितना गहरा उजाला था।

[*जनवरी* '72]

गुलामी

मनुष्य के कल्याण के लिए
पहले उसे इतना भूखा रखो कि वह और कुछ
सोच न पाए
फिर उसे कहो कि तुम्हारी पहली ज़रूरत रोटी है
जिसके लिए वह गुलाम होना भी मंजूर करेगा
फिर तो उसे यह बताना रह जाएगा कि
अपनों की गुलामी विदेशियों की गुलामी से बेहतर है
और विदेशियों की गुलामी वे अपने करते हों
जिनकी गुलामी तुम करते हो तो वह भी क्या बुरी है
तुम्हें तो रोटी मिल रही है एक जून।

[*जनवरी* '72]

ठंड से मृत्यु

फिर जाड़ा आया, फिर गर्मी आई
फिर आदमियों के पाले से लू से मरने की खबर आई :
न जाड़ा ज़्यादा था न लू ज़्यादा
तब कैसे मरे आदमी
वे खड़े रहते हैं तब नहीं दिखते,
मर जाते हैं तब लोग जाड़े और लू की मौत बताते हैं।

[*फरवरी,* '72]

अंग्रेज़ी

अंग्रेज़ों ने अंग्रेज़ी पढ़ाकर प्रजा बनाई
अंग्रेज़ी पढ़ाकर अब हम राजा बना रहे हैं।

[*फरवरी* '72]

बिखरना

कुछ भी रचो सबके विरुद्ध होता है
इस दुनिया में जहाँ सब सहमत हैं
क्या होते हैं मित्र कौन होते हैं मित्र
जो यह ज़रा-सी बात नहीं जानते
अकेले लोगों की टोली
देर तक टोली नहीं रहती
वह बिखर जाती है रक्षा की खोज में
रक्षा की खोज में पाता है हर एक अपनी-अपनी मौत।

[12.6.74]

बदलो

उसने पहले मेरा हाल पूछा
फिर एकाएक विषय बदलकर कहा आजकल का
समाज देखते हुए मैं चाहता हूँ कि तुम बदलो

फिर कहा कि अभी तक तुम अयोग्य साबित हुए हो
इसलिए बदलो,
फिर कहा पहले तुम अपने को बदलकर दिखाओ
तब मैं तुमसे बात करूँगा।

[1980]

अधूरे काम

दो बातें मरने पर कहते हैं
वह अमर रहे और उसे बहुत कुछ करना था
किसी को भी लो और मार दो और यह पाओगे
कि उसे बहुत काम करना था

पर कौन जानता है कि वह उन्हें क्यों नहीं कर रहा था
काम जो हम चाहते हैं करें पर स्थगित करते रहते हैं
बर्बर लोगों की तरह कर नहीं डालते
ऐसे अधूरे काम
जिनकी याद मरने के बाद आती है
कौन जानता है क्यों अच्छी तरह सोचे भी नहीं गए।

[1980]

बड़े देशों की राजनीति

देश पर मैं गर्व करने को कहता हूँ
उनसे जो अमीर हैं बड़े स्कूलों में पढ़े हैं
पर उन्हें गर्व नहीं है
गर्व है भूखे-प्यासे अधपढ़े लोगों में
राष्ट्रीय गौरव रह गया है अन्तरराष्ट्रीय राजनीति में
मोहरा बनकर
पड़ोसी को हराने में, यह गर्व मिटता है
यदि पड़ोसी और हमारी जनता की दोस्ती बढ़ती है
बड़े देशों की राजनीति करने के लिए अपनी जनता को
तनाव में रखना पड़ता है।

राजा की रक्षा

किसी समय राजा थे अनेक
और अनेक कृपाकांक्षी
राजा किया करते थे हत्या राजाओं की
और एक दूसरे के कृपाकांक्षियों की भी
लोकतंत्र में भी अब हत्याएँ होती हैं
सर्वप्रथम उनकी जो कृपाकांक्षी नहीं

राजा के हत्या षड्यंत्र की गौरवमय गाथाएँ
लिखते थे कवि और सुनते थे प्रजागण
कीर्ति ग्रंथ बनते थे
साहित्य बढ़ता था

अब कोई मरता है तो लोकतंत्र में वह
दरअसल हत्या होती है
राजा अब कहीं अधिक रक्षित हैं
वे या तो मरे हैं बूढ़े हो
या बूढ़े होकर भी जिए जाया करते हैं

मरते हैं युवा युद्ध क्षेत्र में जो राजा ने
बहुत दूर-दूर फैलाकर रखा है
अपने से बहुत दूर जनता के बहुत पास
एक घनी बस्ती में चुनकर गरीब लोग
मार दिए जाते हैं राजा को बनाए रखने के लिए आज।

हमारी मुठभेड़

कितने अकेले तुम रह सकते हो
अपने जैसे कितनों को खोज सकते हो तुम
अपने जैसे कितनों को बना सकते हो
हम एक गरीब देश के रहनेवाले हैं इसलिए
हमारी मुठभेड़ हर वक़्त रहती है ताक़त से
देश के गरीब होने का मतलब है
अकड़ और अश्लीलता का हम पर हर वक़्त हमला।

उसका मन

उसका मन नहीं लगता
क्योंकि उसे पूरी सूचना नहीं मिलती
मैं उसकी क्या मदद करूँ
वह मुझ पर प्यार के लिए निर्भर है
और उसके प्यार में एक अटक आती है
हर बार वह किसी बात को अधूरी जानती है
उसका तनाव मैं कम नहीं कर सकता
क्योंकि मुझे भी पूरी खबर नहीं है
और जब मैं पलटकर उसे कहता हूँ कि
खुद खोजो
तो वह अपने प्यार को घोंट देती है
जितनी ताक़त से वह मुझ पर गुस्सा कर पाती है
और उसकी यह ताक़त भी हर बार कम होती
जाती है
अब या तो वह एक दिन पूछना बंद कर देगी
या जब पूछने पर फटकारी जाएगी तो
एक दिन एकाएक किसी दिन
लंबी साँस लेकर
मुँह फेर लेगी चुपचाप।

स्त्री की उम्र

अठारह बरस की लड़की से यह कहना कि तुम बेवकूफ हो
उसको रिझाना है
पर अड़तीस साल की औरत से यही कहना
उसे दुत्कारना है—
पर तुम यही कहते रहे हो !
स्त्री की उम्र इस तरह
इज़्ज़त से शुरू करके अपमान की ओर बढ़ने को बाध्य है।

दृश्य

घोड़ा बिना सवार के
गली में दौड़ता जाता है
मुड़कर देखता है मुझे

वर्ग परिवर्तन

क्रांतिकारी नेता की ऊँचे वर्गों में लोकप्रियता कम हो गई
कारण कई थे
एक ऊँचे वर्ग कुछ वर्षों से और सुरक्षित हो गए थे
दूसरे क्रांतिकारी भी उसी वर्ग में पहुँच गया था।

मुआवजा

अपना लिखा हुआ बार-बार पढ़ मुझे बल बहुत मिलता है
और यह अफसोस बिल्कुल नहीं होता कि लिखना बेकार था
मेरे लिखे को कभी कुछ लोग दुबारा छाप भी देते हैं
उद्धृत कर देते हैं उनमें से वे अंश जो आज के समाज में
सत्ता के शीर्ष के नज़दीक निरापत्ति दिखते हैं
किंतु उन निष्कर्षों को नहीं छापते जो मेरे तर्क से निःसृत थे।

एक दिन आता है

एक दिन आता है कि देह स्वीकार नहीं करती है
पेट भर खाना भी
और तन भूखा भी रह नहीं सकता है
तब शरीर के रिश्ते ठंड से धूप से उठने-बैठने से बदलने ही पड़ते हैं
तब सारी दुनिया से रिश्ते सुधारने पड़ते हैं
जबकि हम
दुनिया को सुधार नहीं सके
तब सिर्फ़ एक नया समझौता आज से काफ़ी नहीं होता है
वे तमाम संघर्ष जो मैंने नहीं किए
अपना हिसाब माँगने चले आते हैं

बड़ा अफ़सर

इस विषय पर विचार का कोई प्रश्न नहीं
निर्णय का प्रश्न नहीं
वक्तव्य—अभी नहीं
फिर से समीक्षा का प्रश्न नहीं
प्रश्न से भागता गया
उत्तर देते हुए इस तरह बड़ा अफ़सर।

प्रश्न

आमने सामने बैठे थे
रामदास मनुष्य और मानवेन्द्र मंत्री
रामदास बोले आप लोगों को मार क्यों रहे हैं ?
मानवेन्द्र भौंचक सुनते रहे
थोड़ी देर बाद रामदास को लगा
कि मंत्री कुछ समझ नहीं पा रहे हैं
और उसने निडर होकर कहा
आप जनता की जान नहीं ले सकते
सहसा बहुत से सिपाही वहाँ आ गए।

कौन था ?

दूर से दिखता है कि कोई एक आदमी
छड़ी के सहारे एक पाँव घसीटकर
मेरे पास आने की कोशिश कर रहा था
मैंने पहचाना नहीं
कौन है ? क्या मेरे साथ कभी पढ़ता था
या मेरे बचपन में मेरा पड़ोसी था
या कोई ख़बरों में छपी हुई घटना का
या कोई सुनी हुई घटना का पात्र था
वह चलते-चलते ठीक पास से गुज़र गया
नहीं, मुझे देखा, मुस्काया मुझसे नहीं
वह कोई और था।

दृश्य

बंदूकें मकानों की तरफ़ मकानों में लोग
सड़क पर एक एंबुलेंस एक लाश गाड़ी
और एक पुलिस वैन।

कविता

किसी ने बुढ़ापे में बोझ नहीं डाला
लड़कियाँ ब्याहकर चली गईं लड़के गुजर गए
हर बार घूम-फिरकर
अपने एकाकीपन की व्याख्या करना
क्या कविता है !

[5.12.88]

पुरानी तस्वीर

अपने धुँधलके शून्य से जब उठाया सर
दिखी तब दीवार पर तस्वीर
तेरह बरस उसने काल में लटके हुए काटे
मुझमें बुढ़ापा दीखा
दुबारा गौर से ताका जहाँ यह खिंची थी वह जगह
याद आई सही लगभग,
मगर दिन कई ऐसे दिनों में उलझा पाया
अजब है वक्त का व्यवहार अपने प्रमाणों से
कि मैं जितना गुजरता हूँ यहाँ कटते दिनों से
चित्र उससे अधिक ही कुछ बीत जाता है

काल का वह व्याज है या दृष्टि का भ्रम है

कि ठहरी हुई स्मृतियाँ भी विगत में बीत जाती हैं
नहीं यह जड़ न होने का अनोखा आश्वासन है
पुनः प्रत्यय किसी बिसरे हुए क्षण का
जिसे पकड़ा गया था कभी अनजाने।

मंत्री के घर में

इतने बड़े-बड़े कमरे थे जिनमें सौ-सौ लोग समायँ
बार-बार जूते खड़काते वर्दीधारी आवैं जायँ
घर के भीतर बैठे गृहमंत्रीजी दूध-मिठाई खायँ
बाहर बैठे हुए सबेरे से मिलनेवाले जमुहायँ
मुंशी आया आगे-आगे पीछे मंत्री दर्शन दीन्ह
किया किसी को अनदेखा तो लिया किसी को तुरतै चीन्ह

भारतीय

हम भारतीय हैं
धन्यवाद, धन्यवाद, क्षमा कीजिएगा, नहीं कहते हैं
हम सिर्फ़ देखते हैं अपनी आँखों से
और ले लेते हैं पानी भरा ग्लास
फिर से उधर एक बार देखकर

[9.1.89]

किताब पढ़कर रोना

रोया हूँ मैं भी किताब पढ़कर के
पर अब याद नहीं कि कौन-सी
शायद वह कोई वृत्तांत था
पात्र जिसके अनेक
बनते थे चारों तरफ़ से मँडराते हुए आते थे
पढ़ता जाता और रोता जाता था मैं
क्षण-भर में सहसा पहचाना
        यह पढ़ता कुछ और हूँ
        रोता कुछ और हूँ
दोनों जुड़ गए हैं पढ़ना किताब का
और रोना मेरे व्यक्ति का

लेकिन मैंने जो पढ़ा था
        उसे नहीं रोया था
पढ़ने ने तो मुझमें रोने का बल दिया
दुःख मैंने पाया था बाहर किताब के जीवन से
पढ़ता जाता और रोता जाता था मैं
जो पढ़ता हूँ उस पर मैं नहीं रोता हूँ
बाहर किताब के जीवन से पाता हूँ
रोने का कारण मैं
पर किताब रोना संभव बनाती है।

[*अक्टूबर* '1990]

मेरी चीख़

मृत्यु के भय से
मैं करता रहता हूँ
निर्दलीय चीत्कार
दल बिखरते दलों के नेता
विरोधी पाखण्ड कोलाहल
मेरी चीख़ बनकर रह जाती है निरा काव्य।

हम दोनों

(बट्टू * जी के लिए)

हम दोनों अभी तक चलते फिरते हैं
लोगबाग आते हैं हमारे पास
हम भी मिलते-जुलते रहते हैं
एक हौल बैठ गया है मगर मन में
कि यह सब बेकार है
हममें से किसी को न जाने कब
जाना पड़ जा सकता है
हम दोनों अकेले रह जाने को
तैयार नहीं।

[1990]

---

*कवि की पत्नी विमलेश्वरी सहाय

वट्टू को देखकर

मैं चाहता हूँ कि मेरे मरने पर तुम रोओ नहीं
यह जान लो कि हम साथ-साथ रह चुके और अब जाता हूँ
जीवन-भर जिसे जी सकी हो
तो मर जाने का तुम दुःख न करो।

[1990]

कवि की अंतिम कविता

चेहरे की सिकुड़नें

थकी हुई औरत के चेहरे की सिकुड़नें
किसी एक परिवार की लंबी मुश्किलों की
आड़ी सतरें हैं
उनकी लिखावट कुछ अलग दूसरों से है
क्योंकि परिवार के पुरखों ने अलग-अलग
भाषाएँ लिख दी हैं।

[25 दिसम्बर '90]

•••